CRÉDITOS FUTUROS, TITULARIZAÇÃO E REGIME FISCAL

DIOGO LEITE DE CAMPOS
Professor Catedrático
da Faculdade de Direito de Coimbra
Advogado

CLÁUDIA SAAVEDRA PINTO
Licenciada em Direito
pela Faculdade de Direito
de Coimbra

CRÉDITOS FUTUROS, TITULARIZAÇÃO E REGIME FISCAL

ALMEDINA

CRÉDITOS FUTUROS, TITULARIZAÇÃO E REGIME FISCAL

AUTORES
DIOGO LEITE DE CAMPOS
CLÁUDIA SAAVEDRA PINTO

EDITOR
EDIÇÕES ALMEDINA, SA
Avenida Fernão de Magalhães, n.º 584, 5.º Andar
3000-174 Coimbra
Tel.: 239 851 904
Fax: 239 851 901
www.almedina.net
editora@almedina.net

PRÉ-IMPRESSÃO • IMPRESSÃO • ACABAMENTO
G.C. – GRÁFICA DE COIMBRA, LDA.
Palheira – Assafarge
3001-453 Coimbra
producao@graficadecoimbra.pt

Outubro, 2007

DEPÓSITO LEGAL
265619/07

Os dados e as opiniões inseridos na presente publicação
são da exclusiva responsabilidade do(s) seu(s) autor(es).

Toda a reprodução desta obra, por fotocópia ou outro qualquer processo,
sem prévia autorização escrita do Editor,
é ilícita e passível de procedimento judicial contra o infractor.

INTRODUÇÃO

O problema que nos propomos resolver na presente obra é o do regime jurídico (de direito privado) da cessão de créditos futuros para titularização. Mais precisamente: do "real" objecto da venda de "créditos futuros"; e da esfera jurídica em que o crédito futuro nasce. Problema de decisivo interesse para explicar o regime jurídico-fiscal da titularização de créditos. E, subsequentemente, estabelecer este mesmo regime fiscal.

Com este propósito, dividimos as páginas que seguem em três capítulos.

No primeiro capítulo, fazemos uma sucinta análise de titularização de créditos, partindo da sua inserção no mundo económico-financeiro, assente nos interesses que visa satisfazer e, consequentemente, dos fins que prossegue.

Passamos, num segundo capítulo, ao regime jurídico da titularização de créditos, focado na cessão de créditos futuros. Tendo sempre presente a estrutura financeira e os interesses determinados na primeira parte.

No terceiro capítulo ocupar-nos-emos do regime fiscal da "venda de créditos futuros" para titularização.

A análise que nos propomos é "objectiva" ou, se quisermos, isenta dos juízos de valor ético-sociais sobre a titularização. Esta pode ser utilizada para criar emprego e promover o bem estar e a justiça social. Ou para criar riqueza de alguns a partir de operações meramente especulativas, assentes sobre o sacrifício dos produtores de bens e serviços. Esperamos que seja o primeiro sentido que predomine no mercado financeiro.

I PARTE
A TITULARIZAÇÃO DE CRÉDITOS

1. Introdução

Ao tratar da titularização ("securitization") temos a consciência de que o desenvolvimento da mesma enquanto instrumento financeiro, assim como o de tantos outros mecanismos que estão em voga nos nossos dias, como o financiamento estruturado e os derivados, constitui um directo e imediato produto de uma transformação fundamental do mercado financeiro clássico.

Mais: quando falamos de "desenvolvimento", não estamos só a referir-nos à simples evolução que resulta do estudo e análise daquele instrumento financeiro, atingindo níveis estruturais cada vez mais elaborados e complexos. Quando falamos do desenvolvimento da "titularização" falamos de um desenvolvimento intensivo e extensivo. Na realidade, esta nova forma de financiamento tem vindo a crescer, não só em termos estruturais e teóricos, mas também ao nível geográfico e dos sectores envolvidos.

No que respeita ao âmbito geográfico, a titularização é hoje praticada na quase totalidade dos países desenvolvidos, bem como na maioria dos mercados emergentes, demonstrando os números que a mesma cresce não só entre alta finança, mas também ao nível da sociedade comum e dos mercados das finanças domésticas.

Por outro lado, encontrando-se a sua relevância ainda muito dependente da integração dos mercados de mútuos hipotecários no mercado global de capitais, é particularmente interessante notar a introdução gradual do recurso ao instituto da titularização nas áreas mais tradicionais do direito societário, direito comercial e finanças estruturadas ("project finance").

Podemos, pois, afirmar que a titularização é, actualmente, motor e resultado da evolução do mercado financeiro, na medida em que estabelece a ponte entre os mercados de capital e o mercado da aplicação de fundos.

Na realidade, o conceito chave deste instrumento é precisamente o de *conexão* – ela liga os mercados de capitais aos mercados das finanças domésticas, à banca, aos seguros, às participações privadas, etc....

A titularização tende a continuar a crescer, afirmando os Autores que este será, sem qualquer margem para dúvida, o instrumento financeiro do futuro.

A titularização é um instrumento que tem vindo a ser preferencialmente usado pelos agentes económicos como meio de financiamento, explicando-se esta preferência por um conjunto de razões diversas, relevando, em particular, a saída do activo do balanço de uma massa de créditos e o chamado "bankruptcy remotness", ou seja, o facto de constituir um mecanismo financeiro cuja estrutura garante que a eventual insolvência do cedente não afecta os subscritores dos títulos emitidos.

Mas qualquer lançamento de um novo produto financeiro é sempre marcado pelos seus benefícios, os quais são, por sua vez, restringidos com o atingir da maturidade desses mesmos produtos. Isto mesmo tem vindo a acontecer com a titularização. Assim, embora a sua "indiferença" à insolvência se mantenha ainda hoje globalmente inquestionável, tem-se vindo a detectar em muitos ordenamentos o estipular de condições e limitações à saída de massas de créditos do activo do balanço, o que terá necessariamente, por consequência, efeitos sobre o regime da insolvência. De facto, como haveremos de excluir da alçada de um processo de insolvência activos que se encontram no balanço?

2. Noção de titularização

A titularização de créditos é uma operação financeira complexa que se estrutura numa aquisição de créditos realizada por uma entidade que emite "valores mobiliários" para financiar essa aquisição, transmitindo para os subscritores desses "valores" os rendimentos de créditos, recebendo uma remuneração pelos seus serviços e permitindo aos transmitentes antecipar esses créditos[1]. As operações de titularização envolvem

---

[1] Manuel Monteiro, O recente regime português da titularização de créditos, *in* Diogo Leite de Campos e outros, Instituto de Direito Bancário, "Titularização de Créditos", Almedina, pág. 193.

múltiplos contratos e relações jurídicas, como sejam a cessão e a gestão de créditos ou a emissão de valores mobiliários, em que intervêm devedores, transmitentes, veículos de titularização, adquirentes de créditos, emitentes de "valores mobiliários" e investidores[2].

A titularização significa transformar uma relação de natureza obrigacional numa coisa, "res". Ultrapassando as normas da circulação dos créditos com base no instituto da cessão, e transformando o documento-título de crédito em veículo da sua circulação, segundo normas análogas às que regulam a circulação das coisas móveis.

Há que distinguir entre créditos não nascidos e já nascidos. De entre os primeiros, haverá que distinguir os créditos ainda não nascidos, mas para os quais já existe uma relação contratual subjacente da qual surgirá o crédito, e créditos para os quais no momento da cessão ainda não existe essa relação. No primeiro caso, trata-se de uma operação de mobilização de um activo potencialmente já existente na carteira do cedente, por já existir o contrato com base no qual surgirá o crédito (é o caso típico das rendas da locação financeira, da locação de veículos, dos mútuos para habitação, etc.), do qual já se conhecem as condições contratuais sobre o tempo e as condições de pagamento. A este crédito pode atribuir-se uma notação ("rating"). Tratar-se-à da cessão de um crédito futuro, mas sempre definido nas suas características económicas e jurídicas.

Diferente é o caso da cessão de outros créditos futuros com base em simples expectativas. Seria o caso de clubes de futebol que cedem as receitas dos jogos a realizar; de uma empresa de transporte que ceda as suas receitas futuras; de uma cadeia de supermercados que ceda as receitas futuras, etc. Nestas hipóteses, as expectativas de receitas basear-se-ão exclusivamente numa série estatística histórica, o que torna incertos o montante exacto e a data das receitas.

O cedente não tornou liquido um crédito já potencialmente existente na sua carteira, mas monetarizou as receitas de futuros exercícios. Embora a diferença entre as duas situações seja mais formal do que substancial, na medida em que sempre se vão antecipar receitas futuras.

---

[2] Aut. ob. cit., pág. 194.

3. A titularização e o financiamento estruturado[3]

As inovações tecnológicas marcaram indiscutivelmente as últimas décadas. Elas mudaram a forma de relacionamento entre os povos e os hábitos das sociedades, mudaram os instrumentos de trabalho, mudaram os mercados e a banca e têm vindo a mudar também, continuamente, as feições do mundo da finança. Deste modo, mais do que um mundo de relações, temos hoje um mundo de transacções.

Por outras palavras, uma "transacção" implica tão-só a colaboração ou cooperação de duas entidades que têm um objectivo final em comum. Diferentemente, uma "relação" implica um "estar em conjunto". Se olharmos em volta, rapidamente nos aperceberemos que esta "transaccionalização" tem vindo a ocorrer em todos os campos, até mesmo no mundo privado, onde o instituto do casamento – uma das mais antigas relações opcionais – tende a ser crescentemente substituído por uniões de facto, assentes numa ideia de transacção ou mera colaboração. Também neste sentido vejam-se as relações de trabalho, hoje frequentemente substituídas por "outsourcings" ou subcontratações.

A verdade é que as relações implicam tolerância e paciência, hoje tão escassas num mundo crescentemente "stressado" e intolerante como é o nosso.

O crescente recurso a modelos de transacção nas relações financeiras, é também ele reflexo desta tendência mais lata, encontrando-se os mercados financeiros, actualmente, repletos de produtos que foram em tempos verdadeiras relações. Assim, por exemplo, veja-se o caso das seguradoras que sempre assentaram numa relação de protecção. Hoje, contudo, aquela relação tornou-se comerciável, transaccionável como uma mercadoria.

---

[3] A exposição subsequente assenta, sobretudo, nas seguintes obras: Andrew Davidson, Anthony Sanders, Lan-Ling Wolff e Anne Ching, Securitization – Structuring and Investment analysis, Wiley, Hoboken, New Jersey, 2003; James M. Pearlee e David Z. Nirenbug, Federeal income taxation of securitization transactions, Frank J. Fabozzi and Associates, New Hope, PA, 2001; Vinod Kothari, Securitization – The Financial Instrument of the Future, Singapura, 2006; Natália Cristina Chaves, Direito empresarial: securitização de créditos, Ed. Del Rey, Belo Horizonte, 2007; Uinie Caminha, Securitização, Ed. Saraiva, S. Paulo, 2.ª ed., 2007.

Nestes termos, deve ser a titularização entendida, não só como um instrumento de financiamento, mas como um novo meio de atribuir a determinadas relações de negócios, não limitadas às relações financeiras, um carácter predominantemente transaccionável.

Releva ainda quanto a esta operação a sua ligação intrínseca ao mercado de capitais. Na verdade, tal como a própria denominação indica – titularização – a ideia central subjacente a este instrumento é a de mobilização e direccionamento do capital e do financiamento, do mundo da banca tradicional, para o dos investimentos bancários em mercado, circunstância que facilmente se explica pela crescente preponderância dos mercados de capitais.

4. Sentido básico de titularização

Titularização também identifica, no seu sentido mais lato, qualquer processo que converta uma relação financeira numa transacção ou operação comercial.

Apesar deste sentido amplo, o conceito de titularização ("securitização") tem vindo a ser crescentemente usado nos mercados dos nossos dias referindo-se a uma "titularização de activos". Ou seja, um instrumento de financiamento estruturado onde uma determinada entidade reúne os seus interesses num fluxo de caixa identificável ao longo dos tempos, que transfere depois para os investidores sob a forma de títulos, assim atingindo o objectivo último do financiamento. Note-se que, embora o resultado final da titularização seja o financiamento, não a devemos entender enquanto "financiamento" propriamente dito, na medida em que uma entidade que tituphariza os seus activos não está a pedir dinheiro emprestado, mas a vender um determinado fluxo de capitais.

Ora o que é então efectivamente a titularização de activos? Em que consiste este mecanismo financeiro?

Literalmente, tal como do próprio conceito se conclui, a titularização é um processo de conversão de activos em títulos. É uma operação complexa que se inicia pela transmissão de um conjunto de activos entre o cedente ("originator") que os detinha no seu balanço e o cessionário (entidade intermediária) que os compra ou de início se torna seu fiel depositário ou fiduciário. Feita a cessão, cabe ao cessionário a emissão de títulos, garantidos por tais activos, títulos estes que colocará depois nos mercados de capitais para aquisição pelos investidores, sendo o produto da subscrição daqueles títulos aplicado no financiamento necessário para a sua aquisição em bloco. Por último, os capitais e juros pagos pelos devedores dos créditos ou rendimentos dos activos cedidos serão utilizados para reembolsar os investidores e pagar todos os custos e encargos da operação.

Em suma, trata-se de uma operação multi-faseada iniciada por uma cessão de créditos ou activos, com vista à subsequente emissão de títulos pelas entidades cessionárias, colocados à venda em mercado aberto, com vista a financiar a transmissão dos créditos/activos, em particular, e a operação financeira, em geral.

As operações de titularização são constituídas essencialmente por dois contratos principais coligados estruturalmente e dirigidos ao mesmo objectivo unitário.

Os objectivos principais, conexionados, são os seguintes.

Criação de liquidez, com o encaixe do preço da carteira de créditos, utilizável para novas iniciativas ou para a diminuição de débitos pré-existentes; a saída do balanço e colocação no mercado do risco de crédito inerente à carteira de créditos cedida; a melhoria das relações de balanço, com particular referência às "rationes" patrimoniais obrigatórias; melhoria do conteúdo de risco, no que se refere aos institutos bancários; diversificação das fontes de financiamento; correlação dos vencimentos dos custos de financiamento.

Os títulos são, portanto, valores mobiliários garantidos por activos, o que constitui algo bem distinto dos usuais títulos dos mercados de capitais. Na realidade, enquanto estes assentam no negócio do emitente, aqueles têm por base um mero activo ou conjunto de activos, não se falando aqui de um crédito sobre uma entidade, mas de um crédito sobre um activo.

Claro que, apesar disto e em última instância, todo e qualquer direito de crédito contra um sujeito é um direito de crédito contra bens – os bens do sujeito devedor. Por outro lado, todo e qualquer direito de crédito contra um activo, será um direito de crédito contra um sujeito em particular, na medida em que nenhum activo existe por si só, autónoma e independentemente. Pelo contrário, existirá sempre alguém por detrás do activo, alguém que responde por aquele activo.

A distinção entre o financiamento de empresa e os títulos mobiliários garantidos por activos, encontra-se, portanto, essencialmente no próprio escopo da operação da titularização e na definição de activo.

Esta diferenciação evidencia, desde logo, uma importante característica dos títulos mobiliários garantidos por activos – a preferência ou privilégio que o titular destes títulos tem em relação ao investidor tradicional.

Com efeito, o investidor tradicional tem, normalmente, um simples direito de crédito que pode accionar contra o devedor. Nesta medida, se o sujeito devedor passar por problemas financeiros, o crédito do investidor será sujeito ao processo de insolvência comum, numa posição paralela à de todos os demais credores do insolvente, o que é frequentemente moroso e com resultados pouco visíveis. Diferentemente, o titular de um título mobiliário garantido por activos terá um direito de crédito directo e privilegiado sobre os bens da entidade, uma vez que aqueles bens foram destacados e tornados propriedade legal dos investidores. Desta forma, estes bens serão utilizados, em primeiro lugar, para satisfação do crédito dos titulares destes títulos e só depois passíveis de ser reclamados pelos demais credores. O privilégio creditório constitui, portanto, um elemento chave da titularização.

Por sua vez, o privilégio estrutural diz respeito aos atributos qualitativos do activo transferido para os investidores nos títulos mobiliários garantidos por activos. Assim, embora teoricamente o conjunto dos activos subjacentes a estes títulos não devam resultar de uma actividade de "cherry picking", ou seja, de uma cuidadosa selecção dos activos a titularizar, deixando para trás activos de qualidade inferior (actividade proibida em alguns países), a verdade é que essa selecção acontece recorrentemente; cumprindo aqueles activos, naturalmente, elevados padrões de qualidade. De facto, estes títulos incidem, usualmente, ou sobre activos que são historicamente tidos por bons activos ou que são perspectivados como tal pelos mercados.

Ou seja, a titularização gera uma preferência legal e um privilégio estrutural para os investidores, através da "des-construção" da pessoa colectiva e fazendo incidir os títulos mobiliários sobre activos especificamente identificados.

O mecanismo utilizado para gerar o privilégio legal é simples – transferência real e efectiva do activo, uma venda verdadeira e completa ("true sale").

Os activos são transferidos para os investidores, numa transferência plena, legalmente reconhecida, de tal forma que os créditos se tornam propriedade legal daqueles. Deste modo, sendo propriedade dos investidores, os créditos não serão, como é óbvio, afectados pela insolvência do operador económico ou por quaisquer direitos de crédito dos credores daquele.

Na terminologia da titularização, este privilégio legal é frequentemente referido de "isolamento", o qual corresponde a uma perfeita e irreversível cessão legal dos activos.

Importa acentuar que este duplo objectivo – de transferir activos para os investidores e simultaneamente criar um instrumento do mercado de capitais – só é possível de realizar por meio de um veículo intermediário, o chamado "special purpose vehicle", que no ordenamento jurídico português corresponde aos fundos de titularização de créditos e sociedades de titularização de créditos.

Servem estes veículos para garantir a "bankruptcy remotness", a autonomização patrimonial dos activos adquiridos, bem como para assegurar eventuais garantias dos direitos inerentes aos títulos neles fundados. Para além disso, permitem ainda separar o risco de incumprimento dos devedores cedidos do risco da insolvência do cedente.

5. Cont. – Segregação da carteira de títulos

Excluída a função de garantia patrimonial, a função especifica do cessionário, sociedade de titularização, a exemplo do que acontece nos "veículos especiais" da "common law", é segregar a carteira de créditos que suporta a emissão dos títulos e de torná-la inatacável por acções de credores diversos dos portadores dos títulos emitidos para financiar a aquisição dessa carteira.

A título de exemplo veja-se o caso da lei Italiana, para assegurar a blindagem da carteira de títulos cedidos, põe-na ao abrigo das acções falimentares, tornando-a imune ao risco de falência dos devedores excedidos e também do cedente. Obtendo resultados idênticos aos da utilização de "trusts". Realiza-se um efectivo destacamento da carteira de títulos de créditos, não só do património da sociedade de titularização e de qualquer outra carteira de títulos de créditos cedidos à própria sociedade, mas ainda dos devedores cedidos e do próprio cedente. Visa-se assegurar aos títulos emitidos pela sociedade de titularização uma notação ("rating") superior à atribuída ao próprio cedente. Também para proteger a própria boa fé dos portadores dos títulos emitidos que não têm de conhecer o estado de insolvência dos devedores. Criando-se um efectivo mercado secundário destes títulos que não existiria, se houvesse a possibilidade de agressão a essa carteira por parte de credores do cedente.

A lei Italiana não só isola cada carteira de títulos numa sociedade de titularização, como também exige a segregação de cada carteira de títulos, não só do património da sociedade, mas também das carteiras de títulos relativas a outras operações.

6. Titularização de Créditos

Os números têm vindo a demonstrar que a grande maioria das operações de titularização de activos são, na realidade, titularização de créditos. Este instrumento financeiro tem vindo a ser essencialmente utilizado por entidades onde a totalidade ou quase totalidade do activo é composta por créditos, como é o caso dos bancos ou intermediários financeiros.

Os créditos ideais para serem titularizados serão, em regra, aqueles onde já existe uma certeza, contratualmente fundada, do pagamento efectivo dos mesmos e cujo reembolso se espera num período de tempo certo e determinado.

Deste modo, recorreram inicialmente à titularização de créditos as sociedades cuja actividade gerava créditos de pagamento certo e determinado, nomeadamente as sociedades que concediam mútuos, aluguer de automóveis, leasing de equipamentos, etc. Mais tarde, juntaram-se a estas entidades as companhias de electricidade, gás e telefone, as imobiliárias, as companhias de aviação, os hotéis, e, por último, as seguradoras.

Assim, embora em termos genéricos o conceito de "titularização" corresponda a todo e qualquer processo através do qual um activo é transformado num título comercializável, no âmbito aqui em discussão, deve ser entendida como o processo através do qual os fluxos monetários ou créditos contra entidade terceira, quer presentes quer futuros, são identificados, consolidados e autonomizados da entidade que lhes dá origem e, posteriormente, transformados em títulos para venda a investidores.

A intervenção dos devedores na "titularização de créditos" traz, assim, ao processo dimensões e características únicas.

Por um lado, estão-se aqui a transformar em mercadoria transaccionável em mercado aberto, direitos de crédito sobre terceiros, o que constitui facto muito diferente daquele em que um sujeito se obriga a si próprio, criando um vínculo sobre a sua esfera jurídica e não sobre a de entidades terceiras. Por outro lado, a estrutura complexa da titularização permite ao cessionário emitir títulos totalmente autonomizados da esfera jurídica do cedente, assim se criando um instrumento financeiro cujo mecanismo de reembolso assenta exclusivamente num determinado crédito sobre terceiros ou numa carteira de activos genericamente determinados. Desta forma, o compromisso e responsabilidade do cedente e do cessionário tornam-se meramente subsidiários e a sua solvabilidade irrelevante ou, pelo menos, menos relevante, importando essencialmente para os investidores a qualidade do próprio activo. Trata-se, pois, de um financiamento assente primordialmente em activos.

7. Traços distintivos da titularização

Feita a introdução e dada a conhecer, em termos muito globais, a essência da "titularização" partimos, agora, para o exame de cada forma e cada aplicação deste mecanismo financeiro. A extrema complexidade e multiplicidade de elementos que marcam o funcionamento da titularização aconselham, porém, uma breve intermissão com vista a elencar alguns dos seus traços e feições mais característicos, e que permitem, desde logo, estabelecer a fronteira entre a titularização e os demais instrumentos financeiros.

A) A "securitização" ou titularização implica, antes de mais, tal como o nome indica, a emissão de títulos, tratando-se, portanto, de um financiamento com origem no mercado de capitais. Não se confunde, porém, com os demais valores mobiliários ali transaccionados, na medida em que falamos da <u>securitização como um financiamento assente em activos</u>, por contraposição ao financiamento assente em entidades, dali resultando para os subscritores uma limitação do seu risco aos riscos do próprio activo. A titularização determina, deste modo, um financiamento reciprocamente autónomo, atendendo a que nem a entidade beneficiária detém direitos ou pretensões legais sobre os activos que transferiu para o veículo de intermediação – o *Special Purpose Vehicle*, SPV –, nem os investidores detêm quaisquer direitos ou expectativas juridicamente tuteladas sobre os demais activos daquela entidade.

B) É também hoje consensual a perspectivação da securitização como um instrumento financeiro estruturado, ou seja, recortado à medida das necessidades e expectativas do emitente e dos investidores, por contraposição aos produtos financeiros genérica e indistintamente desenhados e oferecidos em mercado.

Mas o que se deve entender por financiamento estruturado?

Quanto a este conceito, a doutrina é convergente ao afirmar que estaremos perante formas de financiamento estruturado quando os direitos dos vários investidores e intervenientes na transacção ou operação em causa são desiguais. Ou seja, quando há uma diferente distribuição de risco e lucros, consoante as próprias expectativas e desejos dos subscritores. No fundo, o que o financiamento estruturado permite é a emissão de diferentes títulos mobiliários de acordo com as necessidades e a procura dos investidores.

Assim, por exemplo, fala-se frequentemente de títulos de classe sénior e de classe júnior. Os títulos de classe júnior são títulos hierarquicamente inferiores, existindo numa relação de subordinação ou sujeição face aos de classe sénior. Deste modo, uma vez recebido o fluxo de capitais em débito serão efectuados em primeiro lugar os reembolsos da totalidade dos títulos de classe sénior e só posteriormente, com o montante restante e na medida desse montante, o pagamento dos títulos de classe júnior. Assim, da distribuição faseada resulta para os titulares destes últimos valores mobiliários, não só um pagamento tardio em relação aos primeiros, mas também um risco acrescido de não pagamento e uma maior sujeição a perdas.

A este propósito Vinod Kothari[4] dá o exemplo elucidativo de uma casa térrea construída na costa à beira-mar. Se ocorrer um tremor de terra e um tsunami gerar a subida do nível das águas do mar, será previsível e inevitável a inundação da dita casa,

---

[4] *In* Securitization – The financial instrument of the future –, Wiley Finance, 2006 Singapura, pág. 13 e seguintes.

afectando toda a família que ali vive. Agora imagine-se uma casa com dois andares. Nesta segunda hipótese, sendo provável a inundação do primeiro andar, já não é, porém, garantida a destruição dos bens e afectação da família que reside no segundo. Ora, a família que vive no 2.º andar corresponde, em sentido figurado, aos títulos de classe sénior, na medida em que estão sujeitos a menores riscos.

Mas, o facto de existirem riscos acrescidos para os títulos de classe júnior não equivale a uma mera posição subordinada por si só. O risco e incerteza a que estes subscritores se sujeitam são compensados por maiores benefícios. Ou seja, quem arrisca mais habilita-se, paralelamente, a maiores rendimentos. Contrariamente, os títulos de classe sénior, precisamente por implicarem menores riscos e um reembolso praticamente garantido também terão proveitos menores.

Em suma, a titularização não é uma simples transformação de activos em títulos, mas uma titularização estruturada, pensada, desenhada de acordo com o perfil dos vários potenciais investidores. "Fatiando-se" os activos de acordo com o grau de risco, vencimento, rendibilidade, etc.

C) Nem todos os créditos são susceptíveis de ser cedidos para efeitos de titularização. Um crédito cedível para efeitos de titularização deve apresentar as seguintes características:

Em primeiro lugar, a extrema complexidade da operação, os custos envolvidos e o cariz essencialmente de escala da securitização, leva a que esta interesse, em princípio, particularmente àquelas entidades em que a maior parte dos activos é constituída por créditos sobre terceiros, e não tanto àquelas onde tais créditos equivalem a uma simples parcela menor do capital de exploração.

Os créditos devem, em regra, ser presentes, ou seja, ainda que apenas susceptíveis de ser reclamados num tempo futuro, devem estar já constituídos no momento da sua titularização, assentes numa relação prévia, assim se garantindo o seu pagamento independente das vicissitudes da origem.

Os créditos cedíveis para efeitos de titularização devem ter na sua base uma razoável previsibilidade, ou seja, os subscritores quando investem devem poder saber, com relativa segurança, quando esperam vir a ser reembolsados, sendo muito difícil a titularização de créditos imprevisíveis.

Ainda que não constituindo um traço essencial, tem-se revelado igualmente importante nos mercados actuais a variedade ou diversidade dos créditos sobre terceiros, por oposição à homogeneização da proveniência dos mesmos. Na realidade, tem-se entendido que a diversidade dos créditos quer em termos geográficos, quer em termos dos próprios terceiros devedores assegura aos investidores uma posição melhor garantida, na medida em que o incumprimento de um devedor, num universo de muitos outros, não impossibilita o total cumprimento do reembolso.

D) A titularização de créditos, ao contrário da mera venda de activos, só é possível mediante o recurso a entidades cessionárias, as quais funcionam como veículos intermediários – *Special Purpose Vehicles* – SPV.

Os SPV, ou entidades cessionárias, correspondem, *grosso modo*, a simples mecanismos de transformação, na medida em que são entidades sem substância económica própria. Na verdade, os SPV não têm quaisquer bens, rendimentos ou receitas, sendo antes meras pessoas jurídicas, *in extremis*, uma ficção legal que detém activos e emite títulos. Torna-se evidente que os SPV não geram para os activos qualquer valor acrescentado, sendo o seu papel o de um mero conversor – convertendo activos em títulos – e o de um intermediário – estabelecendo a ponte entre o cedente e os investidores.

Deste modo, garante-se, por um lado, a autonomização daqueles activos do património do cedente e, por outro, a delimitação dos activos subjacentes aos títulos emitidos. De facto, não tendo as entidades cessionárias quaisquer outros bens ou rendimentos resultantes de outras operações, garante-se que aquela carteira de títulos incida sobre um conjunto claramente determinado de activos, e tão só sobre esse conjunto. Note-se que a detenção por parte do SPV de outros activos poderia gerar encargos, responsabilidades e obrigações que poderiam vir, inclusive, a determinar a insolvência da entidade cessionária. Fica, deste modo, através da criação de um direito exclusivo sobre aqueles activos e da efectiva delimitação do conjunto dos mesmos, salvaguardada a posição dos investidores de eventuais crises ou insolvência das empresas.

E) A titularização gera, ainda, uma redistribuição de riscos. Na realidade, o processo de securitização tradicional importa não só a transferência da titularidade dos activos para os investidores e garantes intervenientes na operação, mas também da exposição ao risco de incumprimento dos créditos, circunstância que ocorre, tal como referimos, de forma progressiva ou escalonada. Ou seja, são emitidos títulos de classe A, B, C ou títulos de classe sénior e de classe júnior, importando os diferentes escalões ou "fatias" diferentes níveis de risco de incumprimento.

F) Igualmente determinante é a publicidade e o conhecimento por parte dos potenciais subscritores da avaliação e classificação ("rating") que foram feitas aos activos objecto da transacção financeira, constituindo aquelas informações parte essencial das operações de titularização.

Com efeito, a exposição ao risco de crédito assumida pelos investidores assenta, em regra, tão só na qualidade dos próprios activos subjacentes aos títulos emitidos, na medida em que, tal como supra explanado, estamos aqui perante um financiamento assente em activos, e não um financiamento assente em entidades. Deste modo, relevam para os investidores, mais do que o conhecimento do cedente e circunstâncias financeiras favoráveis ou não do mesmo, o conhecimento da origem do crédito, as características e qualidade do mesmo.

Para além disto, a classificação dos activos releva ainda para efeitos da própria estruturação da operação de titularização de créditos, permitindo a oferta pública de carteiras de títulos adequadas ao perfil dos potenciais investidores.

8. Derivados

Os títulos emitidos pela entidade de titularização não devem entrar na categoria de títulos de crédito ou de obrigações.

Os títulos emitidos são derivados, consubstanciando-se em negócios que têm por objecto a eliminação do risco de crédito, sem transferir o crédito subjacente e sem recorrer a negócios de garantia pessoal ou real. Estão próximos das "credit linked notes" cuja particularidade reside no facto de o pagamento do capital no momento do vencimento e dos juros ser condicionado pelo pagamento do capital e dos juros de um título de referência emitido por um terceiro.

A garantia dos portadores é constituída só pela carteira de créditos adquirida. É por isso que os títulos emitidos pelas sociedades de titularização nos países de "comon law" são denominados "asset based securities", ou seja, títulos garantidos por activos, diversos do património do emitente.

9. Impacto económico da titularização

A titularização tende a tornar-se tão importante para a economia mundial como o são hoje os mercados organizados. De facto, a possível subscrição por investidores institucionais e particulares, a conversão de activos ilíquidos em fundos líquidos, a desintermediação e tantos outros efeitos positivos deste instrumento têm vindo a fazer dele um agente determinante na evolução e heterogeneização do mercado de capitais. Assim, e em síntese,

Permite a transformação de simples créditos financeiros em títulos comercializáveis, numa clara dinamização e diversificação dos mercados de capitais de todo o mundo, encontrando para créditos, que de outra forma continuariam isolados e "encarcerados" em estreitas relações contratuais bilaterais, uma solução cosmopolita e eficiente;

Gera a pulverização e dispersão dos activos financeiros, não só entre os tradicionais subscritores institucionais, mas também entre os investidores particulares crescentemente familiarizados com o instituto da titularização;

Promove o aforro, na medida em que cria condições para os subscritores particulares investirem directamente em valores mobiliários de qualidade elevada garantida e a taxas atractivas;

Uma grande parte da doutrina tem vindo a defender que a titularização produz uma redução global dos custos, na medida em que atenua a dependência dos particulares e investidores em geral em relação aos bancos, enquanto mediadores financeiros. A titularização promove a desintermediação através da oferta e venda públicas dos títulos assentes em activos, feita directamente no mercado de capitais.

Esta não é, contudo, uma opinião consensual, sustentando outros autores a mera alteração do papel desempenhado pelos intermediários financeiros, neste tipo de operações. Assim, e ao contrário daquela primeira corrente, a titularização não determinaria a extinção do papel do intermediário financeiro, mas equivaleria apenas à especialização das funções de intermediação que ali têm lugar, garantindo nessa medida uma maior eficiência.

A existência de veículos intermediários garante a difusão e dispersão do risco por uma base muito abrangente de investidores intervenientes na operação.

Permite uma melhor gestão do crédito e das obrigações das instituições financeiras que transformam activos ilíquidos em fundos líquidos susceptíveis de ser aplicados em novos financiamentos e novos projectos.

A titularização atenua o impacto de eventuais crises e recessões, na medida em que toda a operação financeira é centrada nos recursos e activos que lhe servem de base, desprendendo-se do seu titular original. Deste modo, uma vez titularizados os créditos da entidade cedente esta deixa de ser titular dos mesmos, tornando-se um mero depositário.

10. Riscos da titularização

A existência de riscos e o grau dos mesmos depende intimamente do mercado em que tem lugar a operação, da estrutura do sistema financeiro, das políticas monetárias em vigor, e até mesmo do estado de desenvolvimento do instituto naquele ordenamento.

Podemos encontrar neste mecanismo, aparentemente seguro e que permite melhorar a eficiência do sistema financeiro e aumentar a disponibilidade do crédito através do contacto directo entre ofertantes e investidores finais, determinados riscos que não são de negligenciar. Na realidade, uma estrutura como esta pode, desde logo, apagar ou afastar para segundo plano o papel de intermediário até aqui desempenhado pelos bancos, o que, por sua vez, pode dificultar a execução das políticas monetárias nos diferentes países, uma vez que daquela tendência de "desintermediação" resulta também uma menor detenção por parte dos bancos de activos e obrigações. Note-se que este cenário será especialmente preocupante nas economias em que a banca assume um papel predominante. Este não será, porém, o único motivo de preocupação que resulta da aplicação generalizada da titularização. Vejamos, de um ponto de vista macro--económico, alguns dos pontos que maior discussão têm gerado junto das entidades reguladoras e comunidades académicas de todo o mundo:

A) Uma das maiores preocupações que tem vindo a ser continuamente salientada pela doutrina é a que resulta da criação, por parte dos bancos e de outras entidades, de créditos de segunda qualidade, na medida em que a titularização induz os bancos a conceder empréstimos que, em circunstâncias normais, não quereriam deter no seu balanço. Na realidade, a possibilidade que este meio lhes oferece de se desvincular das responsabilidades inerentes aos créditos a que previamente se obrigaram, lançando os seus activos de maior risco no mercado de capitais, leva a que descurem o risco no momento de atribuição daqueles, assim abdicando da sua primordial responsabilidade.

Note-se que estes empréstimos de qualidade inferior surgem, frequentemente, enquadrados em circunstâncias ambíguas, sendo muitas vezes autorizados com base em histórias e cenários irreais ou sem qualquer explicação suficiente, concedidos, geralmente, a pessoas de baixos rendimentos e cobradas taxas altíssimas para compensar os riscos assumidos.

Entretanto a ameaça de titularização de activos nocivos tornou-se ainda mais premente durante os anos de 2004 e 2005, com os bancos americanos (seguidos por muitos outros bancos) a assumir uma atitude cada vez mais agressiva, lançando no mercado títulos cada vez menos seguros.

B) Para além da deterioração do crédito, tem vindo a notar-se a crescente desproporção entre o capital detido pelos bancos e os montantes concedidos a particulares sob a forma de empréstimos, tornando assim as instituições bancárias cada vez mais vulneráveis e expostas aos ciclos económicos.

C) Relevam ainda os riscos relacionados com a saída do activo do balanço de uma massa de créditos, substituída depois pelo valor da cessão onerosa da mesma, chegando a verificar-se situações em que os activos *off-balance sheet* excedem em muito os próprios activos *on-balance sheet*, tendo a doutrina e os economistas vindo chamar a atenção para o risco destas transacções implicarem uma desmesurada pressão sobre o capital dos bancos.

D) Outro motivo de inquietação que resulta da titularização é a crescente opacidade que ela permite aos bancos. Na realidade, em muitos casos os bancos titularizam os activos, mas retêm os riscos. Ora, se não existe no mundo contabilístico melhor instrumento do que a folha de balanço para medir os riscos de uma entidade, com a saída do activo do balanço de uma massa de créditos a securitização veio destruir a utilização daquele documento como instrumento de cálculo e previsão de riscos, tornando-se a situação de muitos bancos incontrolável desde o exterior.

E) Para além dos riscos enunciados, é também hoje constante o alerta para um possível efeito de repercussão generalizado que pode resultar de uma crise bancária. Com efeito, a dispersão e distribuição, por variadíssimos sectores do mercado, do risco de crédito, que resulta das operações de titularização, leva a doutrina a afirmar que uma eventual crise no núcleo pode ameaçar a estabilidade de todo o sistema e de um conjunto de sectores não relacionados entre si, na medida em que os riscos foram transferidos para estes por efeito da titularização dos créditos e da venda de títulos securitizados em mercado de capitais aberto.

Aliás, tem-se notado uma tendência por parte do sector do sistema financeiro de concederem créditos, não com base na viabilidade do projecto e das garantias que obtêm, mas na possibilidade de transferirem o risco através da titularização.

F) Por último, a titularização implica ainda consequências ao nível das políticas monetárias, que vêem destruídos os efeitos pretendidos. Na verdade, a titularização reduz a eficácia das medidas tomadas ao abrigo das políticas monetárias, cuja implementação depende, regra geral, estreitamente da actuação dos bancos, os quais estão agora, por sua vez, cada vez mais dependentes dos mercados de capitais, dado o processo de desintermediação já atrás referido.

Em suma, a titularização é um importante fenómeno global dos nossos dias, cujo ininterrupto desenvolvimento tem vindo a desafiar todas as expectativas. Contudo, é também inegável que este desenvolvimento tem vindo a colocar, por sua vez, crescentes desafios aos mercados, investidores, banca e governos.

11. "Modus operandi" da titularização

Apresentamos de seguida, mais em detalhe, os passos correntes do processo de titularização:

1.º O cedente tem um conjunto de créditos cedíveis para efeitos de titularização.
2.º O cedente selecciona os créditos que vão ser titularizados.
3.º É criada uma entidade cessionária especificamente para o efeito – um SPV.
4.º O SPV adquire os créditos.
5.º O SPV emite os títulos. Estes títulos podem, entretanto, ser entregues de volta ao cedente, que por sua vez os gere no mercado de capitais ou os leva até aos investidores sendo publicamente oferecidos ou postos, privadamente, à disposição de investidores.
6.º Em regra, os títulos emitidos pelos SPV são estruturados numa hierarquia pensada e organizada nos termos supra expostos – normalmente usa-se a terminologia Classe A, B e C (sénior, intermédio, júnior) – conforme o risco, vencimento, rendimento, etc.
7.º É designado um gestor da transacção – normalmente o cedente.
8.º Os devedores do cedente, sujeitos da obrigação, são notificados consoante os requisitos legais do ordenamento jurídico em causa.
9.º O gestor cobra os créditos, normalmente sob custódia, e liquida o montante total junto do SPV.

10.º O SPV, por sua vez, reembolsa os investidores ou reinveste o montante com vista a reembolsar os investidores em intervalos de tempo previamente acordados. Note-se que o pagamento aos investidores será feito, sequencialmente, respeitando a hierarquia (Classe A, B e C) determinada na transacção, ou proporcionalmente quando nenhuma estrutura em concreto foi fixada.

11.º Em caso de incumprimento, o gestor da transacção, enquanto representante do SPV, fica obrigado a efectuar as necessárias diligências para a boa cobrança daqueles valores, interpondo, se necessário, acções judiciais contra os devedores.

12. Activos – Características

Se formos hoje tentar elencar todos os activos susceptíveis de ser titularizados encontraremos uma lista vasta, na medida em que actualmente qualquer activo de onde resulte um fluxo monetário é passível de titularização.

Veja-se, a título de exemplo, algumas das operações de titularização (de activos em geral) mais imaginativas já encontradas nos mercados de capitais actuais:

Em 1998 foram titularizados e vendidos nos E.U.A. os primeiros 25 álbuns de música do cantor David Bowie, tendo vindo a ficar conhecidos como os *Bowie Bonds*.

Igualmente original foi a titularização, levada a cabo por uma companhia europeia, das receitas da venda dos filmes do James Bond – *Bond Bonds*.

Em 1999 o governo Italiano decidiu titularizar os créditos da segurança social em falta – tendo constituído aquela, provavelmente, a primeira operação de titularização utilizada para reduzir o défice do Estado. O sucesso e importância destas operações, com esta particular finalidade, levou, entretanto a que as mesmas fossem, mais tarde, alvo de regulação por parte da União Europeia.

Em 2000 foi titularizado, por uma companhia francesa, um stock de garrafas de champanhe.

Olhando, para as operações de titularização é possível destrinçar certas características comuns.

É fundamental que os activos objecto de titularização dêem origem a um fluxo monetário, durante um determinado período de tempo. Note-se que, em regra, estes fluxos devem ser minimamente estáveis e fáceis de identificar pelos investidores.

Vimos já que a titularização consiste, *grosso modo*, na transformação ou conversão de um activo em títulos. Uma carteira de créditos (ou de activos em geral), pode ser dividida em "fatias" ou classes, segundo os valores que as integram e para obedecer à diversidade da procura.

A carteira de activos deve ser diversificada, em termos geográficos, estatais, de moeda, de indústria. A constituição de um fundo diversificado e equilibrado é importante para suster eventuais pressões ou crises.

Os créditos devem ser proporcionalmente "maduros". De facto, não faz sentido termos um conjunto de créditos que se vencem em média no prazo de 5 anos e um a vencer-se dentro de 15 dias. Tal desfasamento será aceitável, e a maturidade dos créditos irrelevante, nos casos de operações estruturadas com base num sistema de reinvestimento onde o SPV adquire novos activos com o reembolso dos primeiros.

Os créditos em questão serão homogéneos entre si, permitindo atribuir ao fundo características determinadas e originar fluxos monetários periódicos.

O contrato subjacente à operação de titularização deve valer ainda que o cedente se torne insolvente por força da autonomização daqueles fluxos. Note-se que esta independência entre patrimónios não valerá exactamente nos mesmos termos quando estejam em causa créditos futuros, entendendo parte da doutrina que estes estão expostos aos riscos e vicissitudes do próprio cedente, na medida em que só seriam transmitidos para os subscritores depois de previamente formados na esfera jurídica do cedente. Contudo, entendemos que os créditos futuros vendidos nascem em regra na esfera jurídica do cessionário.

O ordenamento jurídico aplicável à transacção deve prever e permitir a cessão daqueles créditos, com aquelas características, ainda que, por força do "direito de propriedade" inerente, a lei determine o cumprimento de especiais requisitos e formalidades.

Os activos devem estar isentos de retenção de imposto e imposto sobre valor acrescentado.

13. Cedente – características

O procedimento da securitização de créditos assenta no pressuposto segundo o qual o cedente tem, ou espera vir a ter, um grande volume de activos, composto na sua totalidade (ou quase totalidade) por créditos, créditos estes que devem, por sua vez, respeitar os requisitos supra expostos. Nesta medida, as sociedades que mais recorrentemente optam por soluções financeiras como a titularização são as seguintes:
- Sociedades imobiliárias,
- Sociedades de aluguer de automóveis,
- Sociedades emitentes de cartões de crédito,
- Sociedades hoteleiras,
- Sociedades de electricidade e de telecomunicações,
- Bancos.

Note-se que esta não é uma lista exaustiva, dado que sempre que existe um direito de crédito sobre uma soma razoável de dinheiro a hipótese da titularização surge.

Não basta, porém, a existência de um direito de crédito que cumpra com todos aqueles requisitos. De facto, e ainda que genericamente se possa afirmar que não releva para efeitos de titularização o peso financeiro ou a capacidade financeira do emitente, a verdade é que não existem operações de titularização de créditos totalmente independentes do cedente. Com efeito, toda e qualquer titularização depende, em última instância, do cedente (*originator*). Desde logo, porque é a este que cabe a tarefa de criar um volume de créditos suficiente para constituir um fundo, o qual será posteriormente cedido e convertido em títulos. Para além disso, o cedente tem também um papel activo nos casos de titularização assente em estruturas de investimento continuado, na manutenção do risco e no caso de cessão de créditos futuros (para que estes venham a surgir).

Nesta medida, é razoável que se exija que o cedente seja uma entidade credível e com uma posição relativamente estável no mercado. Não necessariamente no que respeita à sua capacidade financeira, mas mais até à sua força organizacional, na medida em que a gestão destes créditos se mantém frequentemente a seu cargo.

14. Entidade cessionária – Veículo intermediário – (SPV) – Características

No que respeita a estes intervenientes, a necessária autonomização, independência e prevenção contra as eventuais crises financeiras e insolvência leva a que devam os mesmos respeitar um conjunto determinado de requisitos.

Os SPV são normalmente vistos como entidades criadas com vista a um único e exclusivo fim, não podendo intervir noutras actividades que não a detenção e manutenção dos rendimentos da carteira de títulos titularizados. Assim se garante que o SPV não se envolve em quaisquer actividades de comércio ou financiamento colocando em perigo a transacção e introduzindo no processo factores de risco acrescido.

Todos os serviços necessários para manter em exercício o SPV e os seus activos, tais como a administração dos créditos e trabalho de secretariado, são prestados por via de mecanismos de sub-contratação (contratos de prestação de serviços, onde as tarefas a ser cumpridas são devidamente pré-definidas)[5].

Os SPV não podem ter quaisquer empregados ou quaisquer responsabilidades fiduciárias em relação a terceiros.

Qualquer pessoa que contrate com o SPV deve comprometer-se a nunca interpor um processo de insolvência contra aquela entidade.

Por último, todas as responsabilidades do SPV devem ser quantificáveis e aquela entidade deve, a todo o momento, ser capaz de as cumprir com os recursos que tem disponíveis; aí se incluindo, designadamente, o pagamento das suas obrigações tributárias, devendo reduzir-se ao mínimo a dependência dos SPV de entidades terceiras.

15. Investidores – Características

O investidor tipo é, normalmente, um investidor profissional, com conhecimentos específicos na matéria. Apesar disso, os pequenos inves-

---

[5] Note-se que nos casos de titularização que envolvam re-investimento de capitais, devem ser contratados pelo SPV consultores e gestores que prestem as necessárias consultas financeiras. Sobre a utilização de instrumentos fiduciários, vd. Melhim-Namum Challub, Negócio fiduciário, Renovar, Rio de Janeiro, 3.ª ed., esp. págs. 200 e segs.

tidores particulares têm vindo a mostrar um crescente interesse neste instrumento financeiro.

Por outro lado, este será um investidor que espera um rendimento fixo e regular. Apesar deste elemento comum, podemos encontrar diferentes tipos ou categorias de investidores, uns que assumem elevados graus de risco de crédito e outros que optam por produtos com nenhuns ou poucos riscos[6]. Com este fim, as carteiras de activos são frequentemente sub-divididas.

16. Diferentes estruturas da titularização

A titularização apresenta nos mercados de capitais de todo o mundo, diferentes configurações e organizações. Destacam-se designadamente as seguintes estruturas[7]:

"**Pass Through**" – esta estrutura implica a transferência para os subscritores dos títulos do direito de propriedade sobre os créditos adquiridos ao cedente, funcionando o SPV como um mero veículo. Ou seja, o cedente transfere para o SPV a propriedade dos créditos e este transfera-a para os investidores, equivalendo, na prática, a um depositário daqueles activos, a um gestor-emitente dos títulos onde aqueles créditos são incorporados. Portanto, nesta estrutura o SPV faz pagamentos, ou melhor, limita-se a passar ou transferir os reembolsos para os investidores, proprietários dos créditos, nos exactos períodos e sujeitos às exactas oscilações a que estão sujeitos os créditos. O montante liquidado mensalmente é simplesmente passado ("pass through") para os investidores, uma vez deduzidas as despesas e encargos.

"**Pay Through**" – neste caso, os fluxos financeiros são utilizados pelo emitente para pagar aos investidores, não directa e imediatamente, mas em períodos de tempo pré-fixados. Durante estes lapsos temporais, o SPV pode reinvestir os créditos designadamente em

---

[6] Veja-se, quanto a esta questão, o acima exposto relativamente às diferentes classes de activos.

[7] Sobre esta matéria, e para além dos já citados, vd. Arnaldo Rizzardo, Contrato de crédito bancário, Ed. Revista dos Tribunais, S. Paulo, 6.ª ed., 2003.

formas de investimento pré-programadas. A grande diferença em relação à estrutura anteriormente analisada resulta da não transmissão da propriedade. Com efeito, os créditos titularizados uma vez cedidos permanecem na esfera jurídica do SPV, limitando-se os investidores a titular meros direitos de crédito contra o veículo intermediário, ou seja, estes valores mobiliários equivalem a meras dívidas do emitente garantidas pelos activos subjacentes.

CMO – "Collateralized Mortgage Obligations Bonds" – esta estrutura constitui uma sub-espécie da estrutura anteriormente analisada, caracterizando-se igualmente pela não transferência do direito de propriedade. Nesta hipótese, o pagamento dos fluxos monetários está disposto sobre diferentes tranches ou classes, pagas em diferentes períodos temporais e com diferentes perfis de risco. Note-se que, embora todas elas vençam juros, a amortização do capital pode ali ser protelada, de tal modo que o reembolso da classe seguinte se inicie apenas findo o da primeira. Trata-se, pois, de obrigações amortizáveis periodicamente, dispostas sobre diferentes modalidades com diferentes datas de vencimento e distintos níveis de protecção contra o risco de reembolso antecipado. Esta estrutura agrada, portanto, particularmente aos investidores interessados em produtos de vida média e longa (ex. companhias de seguros).

"Revolving Asset Securitization" – é uma estrutura em que os créditos se vencem em períodos de tempo bastante curtos (ex. cartões de crédito), sendo os montantes pagos utilizados na reconstituição ou reposição das existências através da aquisição de novos créditos. Este processo repete-se de forma giratória, ciclicamente até ao termo do título. Esta estrutura é muito importante, na medida em que permite, através de um sistema rotativo, converter activos de curta duração em títulos de médio e longo prazo. Apesar disto, importa notar que muitas das operações prevêem, como garantia, a possibilidade de o investidor se fazer pagar antes do termo previsto. Esta garantia de "aceleração" do reembolso existe como contraposição ao risco de desempenho, efectivo ou não, do cedente. Na realidade, tratando-se de créditos que em todos os períodos se esgotam e em todos os períodos se formam de novo, estão intimamente dependentes do cumprimento do cedente, originando ou não créditos suficientes para repor os primeiros e, inclusive, da continuação daquele no exercício da actividade que gera os activos.

Titularização de créditos futuros – falamos neste caso da titularização de um conjunto de créditos que ainda não existem no presente. Este tipo assenta essencialmente numa expectativa, baseada na experiência comum ou conduta anterior, de o cedente vir a deter um determinado conjunto de créditos. Não há, porém, no presente qualquer devedor contra o qual os investidores possam exercer o seu direito de crédito, o que implica importantes alterações quer ao nível dos objectivos visados com a titularização, quer ao nível da estrutura da transacção em si mesma considerada. Assim sendo, uma titularização de créditos futuros pode ter dificuldade em assentar na qualidade superior dos créditos titulados, na medida em que eles ainda nem sequer existem. Por outro lado, também não são aqui válidas razões como a intenção de retirar do balanço massas de créditos, substituindo-as pelo valor da sua cessão onerosa.

Podemos falar de dois tipos de créditos futuros, créditos domésticos e créditos estrangeiros, implicando uns e outros diferentes motivações e objectivos, os quais variam entre a procura de um volume de financiamento superior e um financiamento mais barato.

17. Vantagens da titularização

As vantagens e benefícios que a securitização oferece aos cedentes, cessionários e investidores são muitas e variadas, razão aliás pela qual este instrumento financeiro tem vindo a reforçar continuamente a sua presença nos mercados actuais.

18. Cont. – Para os cedentes

Uma das mais determinantes vantagens da securitização resulta da saída do activo do balanço de uma determinada massa de créditos, surgindo em seu lugar o montante correspondente ao preço pago pela sua cessão.

Para além do efeito *"off-balance sheet"*, a titularização permite ainda aos cedentes uma redução dos custos na medida em que constitui uma forma de financiamento menos onerosa e apelativa não só para os habituais sujeitos de mercado, mas também para uma nova classe de investidores, o que se afigura particularmente relevante em períodos de crise.

Por outro lado, enquanto no negócio de mútuo tradicional o mutuário olha para o balanço e autoriza o mútuo em proporção com o activo daquele, na securitização os investidores olham apenas para o futuro fluxo monetário que esperam vir a receber, o que permite financiamentos de maiores volumes.

O pagamento imediato do preço origina para o cedente a entrada directa no balanço de um fluxo monetário que permitirá pagar dívidas, cumprir obrigações da empresa e reduzir o rácio de endividamento, assim se alcançando uma mais perfeita correspondência entre o activo e o passivo. Por outro lado a liquidez possibilita ainda aplicações em investimentos vários, com capitais próprios e sem necessidade de os aumentar.

Há que referir também a redução da exposição ao risco de incumprimento dos créditos, na medida em que este se transfere para os subscritores dos títulos emitidos pelo cessionário, bem como o risco das taxas de juro.

A titularização reduz, em sentido amplo, a concentração do crédito, a qual implica riscos acrescidos, agora transferidos genericamente para o mercado de capitais.

Por último, importa ainda notar que, em termos legais, este mecanismo de financiamento não é tratado como um "empréstimo", não estando assim obrigado a cumprir os requisitos que o legislador eventualmente venha a ditar no futuro para este tipo de relações.

19. Cont. – Para os investidores

Como é óbvio, o sucesso da titularização no mundo actual não seria o mesmo se não constituísse igualmente um produto financeiro apelativo para os investidores. Os investidores particulares e os institucionais têm vindo a demonstrar um acentuado interesse em investir os seus capitais nos valores titularizados, na medida em que estes oferecem três das características mais elementares que os subscritores comuns procuram nos títulos de mercado: boas taxas, resistência em termos de qualidade e bons "spreads".

Assim, antes de mais, os títulos emitidos no âmbito da titularização são mais seguros, na medida em que constituem uma forma de financiamento assente em activos. Os investidores têm um direito de crédito que incide directamente sobre uma determinada carteira de activos, normalmente diversificada e razoavelmente garantida. Os subscritores não são afectados por quaisquer riscos ou vicissitudes que afectem o cedente, constituindo estas aplicações de capitais investimentos bastante mais seguros do que aqueles que incidem directa e imediatamente sobre títulos ou acções do cedente.

Os títulos emitidos no âmbito de operações securitização tendem a obter boas taxas. Com efeito é hoje visível no mercado, com a crescente institucionalização das aplicações financeiras, uma tendência para o investimento ser controlado e gerido por profissionais, os quais preferem, em regra, trabalhar com instrumentos financeiros formalmente sujeitos a taxas. A razão desta preferência explica-se pelas vantagens que resultam do novo quadro legal relativo à adequação de fundos próprios, proposto pelo Banco de Pagamentos Internacionais.

Um outro aspecto muito relevante é a acentuada resistência destes instrumentos. Assim, se eu hoje comprar um título de classe AAA a probabilidade de ele não se degradar e se manter como AAA é, normalmente, mais elevada nos valores mobiliários securitizados do que nos investimentos feitos, globalmente, por referência a entidades.

Igualmente importante é a acentuada flexibilidade e diversidade que este instrumento apresenta, o qual, enquanto produto de um financiamento estruturado, procura sempre corresponder às diferentes expectativas, possibilidades e disposição ao risco dos diferentes investidores. Deste modo, tal como temos vindo a repetir, os títulos emitidos em resultado de operações de titularização não são todos iguais, nivelados entre si, antes se apresentando aos investidores escalonados, variando entre títulos de classe júnior e sénior, de longa ou curta duração.

A titularização caracteriza-se ainda pelos bons "spreads". De facto, a experiência tem demonstrado que resultam da securitização títulos com boas taxas de remuneração.

Para além do disposto, releva ainda o facto de a história recente ser favorável à titularização, na medida em que são escassos os casos de incumprimento, nomeadamente, se a formos comparar com outras formas de investimento assentes em relações de débito. Tal circunstância estará essencialmente ligada à recente entrada no mercado deste instrumento e à preocupação inerente a todos os intervenientes de garantir o seu sucesso e próspero estabelecimento.

20. Limites da titularização

Apesar de todas as vantagens e benefícios supra elencados a securitização, não é, como aliás nunca será qualquer instrumento financeiro, perfeita, apresentando algumas limitações que cumpre aos homens que com ela lidam diariamente limar e corrigir, na medida das suas possibilidades. Vejamos, então, alguns desses limites.

Embora teoricamente esta deva ser uma fonte de financiamento mais barata do que as formas convencionais, a prática tem vindo a provar o contrário. Na verdade, esta é uma fonte relativamente onerosa, nomeadamente nos mercados emergentes. De facto, constituindo um produto recém-chegado ao mercado é normal que os investidores exijam formas de segurança e garantia acrescidas, para além das próprias taxas mais elevadas.

Por outro lado, a titularização não é um instrumento financeiro apelativo e acessível nos casos de necessidades menores. Com efeito, constituindo um instrumento dos mercados de capitais, as operações de titularização apresentam-se complexas e implicam todo um conjunto de requisitos e formalidades que a direccionam especialmente para situações de larga escala. Assim, por exemplo, tem que ser criado um SPV, ou seja, uma entidade cessionária que garanta a separação patrimonial em relação aos demais activos do cedente; isto para além dos elevados custos da própria operação, emolumentos, obrigações fiscais, etc. não sendo pois suportável por empreendimentos de tamanho reduzido.

Um dos aspectos mais inquietantes da titularização é a perda de informação. Por detrás dos créditos cedidos para efeitos de titularização existe sempre um grande volume de dados relacionados, designadamente, com os negócios que lhes deram origem. Tem-se, no entanto, vindo a verificar uma crescente pressão para que estes dados sejam revelados ao longo daquela operação, não só por parte dos próprios mercados, mas por parte das entidades reguladoras.

Outro aspecto que tem vindo a levantar preocupações é a degradação da carteira de activos das entidades cedentes, por força do exercício de "cherry-picking", ou seja, da selecção de activos cedidos para titularização. Nesta medida, veio o Banco de Pagamentos Internacionais alertar para o risco de os bancos, na expectativa de terem uma boa recepção no mercado oferecerem para securitização os seus melhores activos, gerando uma subida da taxa de risco média da carteira de activos remanescentes, o que pode levar à deterioração da sua reputação, taxas e adequação de fundos próprios.

Um outro risco que se coloca na titularização é o da ameaça sobre a liquidez. Muitas vezes os cedentes confiam na securitização, e pode suceder, especialmente nas securitizações assentes numa estrutura de "revolving assets" que os activos retornem rapidamente ao balanço, nomeadamente nos casos em que os níveis de amortização são atingidos prematuramente, levando a que quando o cedente mais precisa de liquidez para ultrapassar os problemas da sua empresa ele se depare com a liquidez comprimida.

A titularização gera, contabilisticamente, lucros francamente positivos, os quais resultam não só dos ganhos da própria venda dos créditos no seu todo, mas também dos lucros estimados com base na rentabilidade futura da transacção. O cedente acelera os futuros proveitos e coloca-os abertamente nos livros da empresa. Ora, a não ser que se mantenha um contínuo crescendo do volume da securitização, estas operações vão afectar a fu-tura rentabilidade, ou seja, para manter segura a sua posição e estabilidade financeira o cedente tem que continuar no processo.

21. Titularização e cessão financeira ("factoring")

Na titularização cedem-se créditos em bloco, créditos futuros. Mas as normas sobre a cessão financeira serão aplicáveis em via analógica à titularização de créditos. Isto embora se deva levar em conta a diversidade entre os dois fenómenos financeiros e o facto das operações de titularização terem geralmente um período maior do que as operações de cessão financeira. Na cessão financeira devem ceder-se créditos pecuniários, o que exclui a cessão de activos diversos de créditos pecuniários, por exemplo, mediante a titularização de imóveis, em função de operações de "sale and lease back" ou mediante a cessão de títulos. Também parece excluída a titularização de fluxos financeiros futuros que não derivem da carteira de títulos cedidos.

II PARTE
A VENDA DE CRÉDITOS FUTUROS PARA TITULARIZAÇÃO

I SECÇÃO
Traços jurídicos da titularização de créditos

22. Introdução

A titularização de créditos foi regulada legalmente pela primeira vez, em Portugal, através do decreto-lei n.º 453/99 de 5 de Novembro, alterado pelo decreto-lei n.º 82/2002 de 5 de Abril e pelo decreto-lei n.º 303//2003 de 5 de Dezembro. Vamos assentar na versão consolidada do primeiro.

A publicação do regime jurídico da titularização respondeu a uma necessidade apresentada, sobretudo, pelo sistema bancário que pretendia titularizar certas carteiras de crédito a médio e a longo prazo, ou com carácter mais homogéneo, como o crédito à habitação, aluguer de veículos automóveis, de equipamentos, etc.

O projecto de lei que foi apresentado ao Governo compreendia uma parte geral que se referia à cessão de créditos para efeitos de titularização (créditos, entidades cedentes, entidades cessionárias, gestão dos créditos, etc.); e depois aos veículos da titularização que se pretendia que fossem fundos, sociedades e o "trust".

O "trust" parecia particularmente importante, diria que imprescindível, em matéria de titularização de créditos e outros activos, dada a sua utilização com muito sucesso nos ordenamentos jurídicos anglo-saxónicos e mesmo noutros, como a Argentina. Permitindo que o credor cedesse os créditos a uma sociedade que os colocaria no mercado através de "trusts", em número, dimensão e características adequadas à procura. O que permitiria um fácil e económico "fatiar" (slicing) da carteira de créditos, em termos de taxa de juro, risco e vencimento[8]. Contudo, o texto da lei que

---

[8] Vd. Maria João Carreiro Vaz Tomé e Diogo Leite de Campos, A propriedade fiduciária (trust), Coimbra, Almedina, 1999.

foi publicado compreende só os fundos e as sociedades, não tendo regulado os trusts; instituição que, enquanto tal, existe em Portugal apenas no âmbito da Zona Franca da Madeira.

Assim, o decreto-lei compreende quatro matérias: a cessão de créditos para efeitos de titularização; os fundos de titularização de créditos; as sociedades de titularização de créditos; e as sociedades gestoras de fundos de titularização de créditos.

Note-se que só é regulada a titularização de créditos e não de outros activos, enquanto em muitos outros ordenamentos jurídicos a titularização compreende a generalidade dos activos – o que se espera que venha a acontecer em breve em Portugal, e de início só se previa a titularização de créditos futuros.

O regime jurídico estabelecido é próximo dos previstos na Europa – nomeadamente nos regimes francês, belga, espanhol e italiano.

23. Cessão de créditos – Entidades cedentes de créditos

Podem ceder créditos o Estado e demais pessoas colectivas públicas, as instituições de crédito, as sociedades financeiras, as empresas de seguros, os fundos de pensões, as sociedades gestoras de fundos de pensões bem como outras pessoas colectivas cujas contas dos últimos três anos tenham sido objecto de certificação legal por auditor registado na comissão do mercado de valores imobiliários (CMVM) (artigo 2.º, 1). A CMVM, no entanto, pode alargar a faculdade de titularizar créditos a outras entidades (n.º 2).

24. Entidades cessionárias de créditos

Só podem adquirir créditos para titularização os fundos de titularização de créditos e as sociedades de titularização de créditos (artigo 3.º). Os créditos cedidos a estas entidades consideram-se que o foram para efeitos de titularização (artigo 1.º, n.º 2).

25. Créditos titularizáveis

O artigo 4.º fixa os requisitos para a titularização de créditos: a sua transmissibilidade não se encontrar sujeita a restrições legais ou convencionais; serem de natureza pecuniária; não se encontrarem sujeitos a condição ou vencidos; não serem litigiosos e não se encontrarem dados em garantia, nem judicialmente penhorados ou apreendidos.

Também podem ser cedidos para titularização créditos futuros, desde que emergentes de relações jurídicas constituídas e de montante conhecido ou estimável. A cessão deve ser plena, não podendo ficar sujeita a condição nem a termo, não podendo o cedente ou a entidade com quem este se encontre em relação de domínio conceder quaisquer garantias ou assumir responsabilidades pelo cumprimento.

O que não impede a possibilidade dos créditos serem garantidos por terceiro ou o risco do não cumprimento ser transferido para empresa de seguros (artigo 4.º, n.ᵒˢ 6 e 7).

Vamos centrar-nos nos créditos futuros.

26. Créditos do Estado e da Segurança Social

A lei n.º 103/2003 veio regular a cessão de créditos para titularização, por parte do Estado e da Segurança Social, créditos nascidos de relações jurídicas tributárias, mesmo se vencidos, sujeitos a condição ou litígios[9] (regulado pela portaria 1375-A/2003, de 18 de Dezembro, que veio definir os termos da titularização).

O artigo 1.º, 2 da Portaria determina que tais créditos são cedidos desde que integrem os critérios contratualmente estabelecidos (que, do nosso conhecimento, nunca foram comunicados) e se encontrem numa fase de cobrança coerciva por processos de execução instaurados entre 1 de Janeiro de 1993 e 30 de Setembro de 2003.

---

[9] Vd. Alexandre Pessanha, Cessão de créditos do Estado e da Segurança Social para efeitos de titularização, "Revista do Tribunal de Contas", Jan./Jun. 2004, págs. 26 e segs. e 49 e segs.

Sobre a securitização de créditos futuros, vd. Fernando Schwarz Gaggini, Securitização de recebíveis, Ed. Leud, S. Paulo, 2003; Ronaldo Nogueira Monteiro Pinto, A securitização dos recebíveis oriundos de acções judiciais e outras formas, Revista de Direito Privado, S. Paulo, no. 17, 2004, pág. 179 e segs.

Tais créditos podem ser objecto de substituição no caso de se verificar que não existem ou têm um valor diferente do declarado (artigo 7.º, 2 do decreto-lei n.º 303/2003 e do artigo 5.º da Portaria). Não se precisando estes critérios, as partes poderão determinar a substituição dos créditos com base noutros motivos. Contudo, no caso da substituição se verificar, será efectuada mediante cessão de créditos de igual natureza que respeitem a factos tributários ocorridos até 31 de Dezembro de 2003, mesmo que o respectivo processo de cobrança tenha início em data posterior.

Note-se que os créditos cedidos têm um valor nominal cerca de dez vezes superior ao preço porque foram cedidos à sociedade de titularização de créditos. Esta possibilidade foi contemplada no artigo 2.º, n.º 2 da lei n.º 103/2003.

Contudo, estipulou-se que o exercício de tal faculdade, no caso de o valor inicial da cessão ser inferior ao valor nominal, ficaria dependente da garantia de que o produto proveniente da cobrança dos créditos cedidos reverteria para o cedente, após o pagamento integral das quantias devidas aos titulares das obrigações titularizadas, deduzidas as despesas e custos da operação (artigo 2.º, 2). Contudo, a Portaria no seu artigo 4.º refere-se ao pagamento de um preço diferido, sem precisar que o mesmo deverá corresponder ao produto proveniente da cobrança dos créditos que exceda o preço inicial.

Contudo o pagamento do referido preço só se poderá verificar depois de concluída a titularização, após o reembolso das obrigações titularizadas, porque só nesta fase será possível determinar os custos totais da operação a deduzir ao montante que deverá ser pago ao cedente. Não nos vamos ocupar aqui do significado e natureza dos créditos cedidos no contexto da dívida pública, nomeadamente da operação, para saber se se trata de um verdadeiro empréstimo com garantia, de um negócio (em fraude à lei) ou se trata de uma normal operação de titularização na medida em que isso não nos interessa nesta matéria.

27. Créditos futuros

A análise subsequente versa sobretudo os créditos que vão nascer mais tarde, com o decurso do tempo; os créditos que ainda não existem. Não aqueles que, embora considerados pelas partes como futuros, existem no património de outrem, obrigando-se o cedente a adquiri-los.

Com efeito, e embora, para o que nos interessa, o regime seja idêntico, haverá, porém, uma maior precisão do conteúdo e do valor destes últimos créditos.

Próximos destes últimos, na óptica da determinabilidade, estão os créditos sujeitos a condição suspensiva ou a termo suspensivo[10].

Trata-se de créditos futuros se o contrato já foi celebrado mas a sua execução se processará ao longo do tempo (rendas assentes num contrato de locação financeira, por ex.) Neste caso trata-se de contratos que têm por objecto obrigações de prestação reiterada. Não estamos perante vencimentos de créditos já existentes, mas a própria constituição do crédito só se verifica com o decurso do tempo[11].

Créditos futuros são aqueles que não existem no momento embora seja previsível, de acordo com as regras de experiência ou normas legais ou contratuais aplicáveis, que venham a surgir no futuro. Ou então aqueles créditos que não estão na titularidade do cedente ao tempo da cessão (artigo 211.º do Código Civil). São, por outras palavras, aqueles ainda não surgidos mas que venham a originar-se "pro rata temporis"[12]. O problema põe-se quanto aos créditos futuros decorrentes de relações jurídicas constituídas, como por exemplo a relação jurídica de cartão de crédito, o fornecimento de água, gás e electricidade, telefone, etc., mas cujo montante ainda não seja conhecido. Ou, também, "de iure constituendo", para os restantes créditos futuros. Basta, nos termos da lei, que o seu montante seja estimável. O que não significa que tenha de ser determinado com rigor, mas sim que se possa alcançar o montante provável, de acordo com o requisito geral da determinação da prestação (artigo 400.º do Código Civil). O que interessa à lei é a possibilidade de constituição de relações de crédito com base em relações jurídicas já constituídas; e a estimabilidade do montante dos créditos[13]. No caso do crédito não se vir a consti-

---

[10] Vd. Mota Pinto, Cessão da posição contratual, Coimbra, ALmedina., pág. 226 e nota 1; Stefano Troiano, La cessione di crediti futuri, Cedam, Padova, 1999, págs. 14 e segs.

[11] Mota Pinto, Teoria Geral do Direito Civil, cit., pág. 571, nota 1.

[12] Sobre a cessão de créditos futuros, e para além de outros Autores citados, vd. M. Bianca, Diritto Civile, IV, L'obbligazione, Giuffrè, Milano, 1992, págs. 589 e segs.; F. Pantaleon Prieto, Cesión de créditos, ADC, 1988, pág. 1094 e segs.; Palandt/Heinrichs, Bürgerlichs Gesetzbuch vol. 7, CH. Beck, München, 1997, §398.

[13] Manuel Monteiro, "O recente regime português da titularização de créditos", in Diogo Leite de Campos "et alii", Titularização de créditos, Instituto de Direito Bancário, Lisboa, 2000, págs. 201 e 202.

tuir, ou o seu montante ser inferior ao previsto, o risco correrá por conta do cessionário, dado que a cessão tem de ser plena (artigo 4.º, 6).

A estatuição da cessão ser plena, não ficando sujeita a condição ou a termo, leva em conta os interesses do sistema financeiro. Os bancos e demais instituições de crédito têm interesse em se libertar de parte das suas carteiras de crédito, para diminuir os riscos, melhorar os rácios de solvabilidade, etc. Isto só é possível, ou só será completamente possível, se não mantiverem vínculos com os créditos cedidos, nomeadamente se não garantirem o seu cumprimento.

28. Cont. – Notação ("rating")

A notação é uma operação fundamental na determinação do valor dos créditos a ceder.

Assume um relevo decisivo no caso da titularização de "maus créditos" (já vencidos e não pagos). Com efeito, nos "bons" créditos podem analisar-se séries histórico-estatísticas que deverão dar a percentagem do incumprimento relativamente a esses créditos, embora com todas as incógnitas inerentes, nomeadamente por se referirem a conjunturas económicas já passadas, não necessariamente repetíveis no futuro. Nos "maus créditos" a possibilidade de os receber é matematicamente indeterminável, devendo levar-se em conta o tempo, custos e resultados de acções executivas, a possibilidade de transacções, de compensações, procedimentos concursais, etc.

29. Gestão dos créditos

O serviço de cobrança atribui-se muitas vezes ao cedente, com base em considerações de oportunidade derivadas da relação fiduciária que normalmente liga o cedente aos devedores cedidos. Também é do interesse do cedente obter este serviço. Com efeito, o fluxo financeiro derivado da carteira de créditos excede normalmente, a nível de capital e de juros, o montante cedido aos portadores dos títulos. Esta margem, constituída pela diferença entre os pagamentos de juros e de capital devidos aos devedores cedidos pela sociedade de titularização e os pagamentos por juros e capital devidos por esta aos portadores dos títulos, constitui uma garantia importante para os portadores dos títulos. Esta margem pode ficar no cedente através, nomeadamente, de emissões de títulos de exigibilidade subordinada, associação em participação, um prémio ligado às cobranças, etc. No caso de cedência de "maus créditos", a mais valia derivada da eventual margem positiva dos créditos cobrados perante o preço pago pela aquisição da carteira de títulos, poderá ser atribuída a um terceiro. Pode ser repartida entre o cedente e os portadores de títulos, ou distribuída aos sócios da sociedade de titularização, reservada a esta, ao cedente, etc.

Determina o artigo 5.º que quando a entidade cedente seja instituição de crédito, sociedade financeira, sociedade gestora ou empresa de seguros, deve ser sempre celebrado, simultaneamente com a cessão, contrato pelo qual a entidade cedente fique obrigada a praticar em nome e representação da entidade cessionária, todos os actos que se revelem adequados à boa gestão dos créditos e garantias, bem como a assegurar os demais serviços com eles relacionados. Nas demais situações a gestão dos créditos pode ser assegurada pelo cedente, pelo cessionário ou por terceira entidade idónea (artigo 5.º, n.ºˢ 1 e 2).

Para além das razões já indicadas, há também uma razão de carácter prático a justificar a manutenção no cedente do serviço de gestão dos créditos, a transmissão de garantias sujeitas a registo envolve normalmente um prazo considerável e custos elevados. Pelo que a circunstância do cedente continuar a ser, perante o devedor, o titular da garantia, gerindo o crédito e esta mesma garantia, será uma maneira mais simples e mais económica de proceder à titularização. Note-se que o disposto no n.º 1 é imperativo: quando a entidade cedente for uma instituição de crédito, sociedade financeira ou uma empresa de seguros, será a gestora dos créditos, incluindo as respectivas garantias. O cedente e o cessionário não poderão dispor em sentido contrário. O que revela aqui um interesse que transcende as partes da cessão, que é também dos devedores, mas também dos adquirentes dos valores representativos dos créditos.

O contrato da gestão de créditos objecto de titularização só pode cessar com motivo justificado (n.º 6). No caso da falência do gestor de créditos, os montantes que estiverem na sua posse decorrentes de pagamentos relativos a créditos cedidos para titularização não integram a massa falida (n.º 7).

30. Efeitos da cessão

Passamos aos efeitos da cessão regulados no artigo 6.º.

A eficácia da cessão em relação aos devedores fica dependente de notificação. A substituição da entidade gestora dos créditos também deve ser notificada aos devedores.

Abre-se uma excepção no n.º 4 onde se refere que, quando a entidade cedente seja instituição de crédito, sociedade financeira, empresa de seguros, fundo de pensões ou sociedade gestora de fundo de pensões, a cessão de créditos para titularização produz efeitos em relação aos respectivos devedores no momento em que se tornar eficaz entre o cedente e o cessionário, não dependendo do conhecimento, aceitação ou notificação desses devedores.

Na falta de convenção em contrário, a cessão de créditos envolve a transmissão para o cessionário das garantias e outros acessórios do direito transmitido que não sejam inseparáveis da pessoa do cedente (artigo 582.º, 1 do Código Civil). Se a coisa empenhada estiver na posse do cedente será entregue ao cessionário, mas não a que estiver na posse de terceiro (n.º 2).

O n.º 6 dispõe que, dos meios de defesa que lhes seria lícito invocar contra o cedente, os devedores dos créditos objecto de cessão só podem opor ao cessionário aqueles que provenham de facto anterior ao momento em que a cessão se torne eficaz entre o cedente e o cessionário. A regra geral constante do artigo 585.º do Código Civil é a de que o devedor pode opor ao cessionário, ainda que este os ignorasse, todos os meios de defesa que lhe seria licito invocar contra o cedente, com ressalva dos que provenham de facto posterior ao conhecimento da cessão.

A posição contratual do devedor mantém-se inalterada depois da cessão, a não ser no que se refere à mudança do credor. O devedor manterá todos os seus direitos, deveres, ónus, etc. (n.º 7). No caso de o cessionário não ser o gestor de crédito, mantendo-se nesta função o cedente e este for uma das entidades referidas supra, o n.º 7 dispõe que as relações devedor/credor serão estabelecidas só com o cedente, que continuará a ocupar a posição de credor, embora aja por conta do credor.

31. "Limited recourse"

Há que salientar um princípio muito importante que é o "limited recourse": a garantia do título emitido pela entidade de titularização, mesmo quando esta é uma sociedade e não um fundo ou um "trust", é constituída, não pelo património do emitente, mas só pelo fluxo financeiro derivado da carteira de créditos adquirida pelo próprio emitente com o dinheiro recolhido pela emissão desses títulos. Em outros termos: a entidade de titularização responde perante os portadores dos títulos emitidos, não com o seu património, mas com o fluxo financeiro derivado da carteira de créditos.

32. Cessão e garantias do devedor cedido

Na cessão de créditos, o crédito é transferido para o cessionário com os privilégios, as garantias pessoais, reais e com as outras relações acessórias. Surge assim o problema da oponibilidade da cessão aos garantes do devedor cedido.Tanto mais que muitas vezes é excluída, no caso da cessão de créditos para titularização, qualquer notificação ao cedido (para desenvolvimento, vd. Infra n.º 70).

33. Forma da cessão de créditos

O contrato de cessão de créditos para titularização pode ser celebrado por documento particular, ainda que tenha por objecto créditos hipotecários (artigo 7.º, 1), constituindo título suficiente para efeitos de averbamento no registo da transmissão dos créditos hipotecários (n.º 2).

Para salvaguarda do cessionário, o artigo 8.º vem estabelecer diversas medidas. Saliento que a cessão de créditos para titularização não pode ser resolvida em benefício da massa falida, excepto se os interessados provarem que as partes agiram de má fé e que não fazem parte da massa falida do cedente os montantes pagos no âmbito de créditos cedidos para titularização anteriormente à falência e que apenas se vençam depois dela.

34. "Veículos" da titularização. A) Fundos de titularização

Passamos aos fundos de titularização de créditos. Estes têm a natureza jurídica de patrimónios autónomos emitindo valores mobiliários representativos das participações no fundo sempre com valor nominal e em número fixo, a não ser que revistam a forma de fundos de património variável, por se prever a aquisição de novos créditos, bem como a realização de novas unidades de titularização (artigo 10.º). Contudo, os fundos de património fixo ou de património variável podem sempre adquirir novos créditos, desde que o respectivo regulamento de gestão o preveja e se verifique o cumprimento antecipado de créditos devidos pelo fundo ou a existência de vícios ocultos em relação a créditos detidos or aquele (artigo 11.º).

Para dotar o fundo das necessárias reservas de liquidez, as sociedades gestoras podem contrair empréstimos por conta de fundos que administrem, desde que o regulamento de gestão o permita (artigo 13.º). A não ser que a CMVM permita a contracção de empréstimos com finalidades distintas (artigo 13.º, 2), podem ainda as sociedades gestoras recorrer, por conta dos fundos que administrem, e nos termos do regulamento de gestão, a técnicas e instrumentos de cobertura de risco, designadamente contratos de Swap de taxas de juro e de divisas (artigo 14.º, 1).

A administração dos fundos deve ser sempre exercida por uma sociedade gestora de fundos de titularização de créditos (artigo 15.º).

35. Cont. – Unidades de titularização

As unidades de titularização podem ser admitidas à negociação em bolsa (artigo 35.º). Desde que o regulamento de gestão o preveja, os fundos podem emitir unidades de titularização de diferentes categorias que confiram direitos iguais entre si mas distintos dos das demais unidades de titularização (artigo 32.º, 3), designadamente quanto ao grau de preferência no pagamento dos rendimentos periódicos, no reembolso do valor nominal ou no pagamento do saldo de liquidação. Podem, por exemplo, ser emitidas unidades destinadas a ser detidas pelos próprios cedentes para os fazer participar no risco da operação de titularização. Seriam unidades que confeririam direito apenas ao saldo de liquidação ou que graduassem o valor de reembolso ao integral reembolso de unidade de outras categorias. É uma tentativa de aproximação, das unidades de titularização, da flexibilidade e diversidade permitida nos países anglo-saxónicos pelo trust.

36. B) – Sociedades de titularização

O segundo veículo de titularização de créditos são as sociedades de titularização de créditos que são sociedades financeiras constituídas sobre a forma de sociedade anónima que têm por objecto exclusivo a realização de operações de titularização (artigo 39.º). Estas sociedades só podem ceder créditos a fundos de titularização de créditos e a outras sociedades de titularização de créditos (artigo 45.º), embora se admitam algumas, poucas, excepções a esta regra. As sociedades de titularização de créditos só podem financiar a sua actividade com fundos próprios e através da emissão de obrigações (artigo 43.º e segs).

37. "Irrelevância" do capital da entidade de titularização

O capital da entidade da titularização, se esta for uma sociedade, é largamente irrelevante. Com efeito, a garantia dos investidores não está no património da sociedade emitente mas na carteira de créditos que suporta a emissão dos títulos. Assim, nos países da "comon law" tais sociedades são normalmente montadas com um capital puramente nominal ("thinly capitalized" ou "capital free")[14]. Daqui também resulta uma maior tranquilidade para os investidores nos títulos emitidos, pois sendo na realidade o capital da sociedade um factor de risco e, portanto, de perdas potenciais, há sempre perigos de confusão entre a carteira de títulos e o património de emitente. Se o capital do emitente é irrelevante, este perigo diminui.

Contudo, o legislador português, pouco atento a estas realidades, fixou o capital mínimo das sociedades de titularização de créditos em €250.000, o que parece excessivo.

---

[14] Sobre estas características, vd. João Calvão da Silva, Titularização de créditos – Securitization, 2ª edição, Coimbra, Almedina, 2005, págs. 75 e segs.

38. Regime fiscal

Passamos agora a algumas noções sobre o regime fiscal. Mais tarde, veremos mais em detalhe, como a cessão de crédito (e de activos em geral), com as características do seu regime jurídico, veio determinar o regime fiscal.

A implementação prática da titularização de créditos tinha como pressuposto o regime fiscal da operação, o qual se encontrava indefinido. Para suprir esta lacuna, surgiu o decreto-lei n.º 219/2001 de 4 de Agosto, alterado pela lei n.º 109-B/2001 de 27 de Dezembro e pelo decreto-lei n.º 303/2003 de 5 de Dezembro.

Com o sistema fiscal visavam-se, na opinião do legislador, os seguintes objectivos: assegurar a neutralidade no tratamento dos veículos de titularização, sem privilégio para os fundos de titularização ou para as sociedades, ficando ambos sujeitos ao imposto sobre o rendimento das pessoas colectivas (IRC) e os rendimentos das unidades de titularização ou das obrigações titularizadas sujeitas a um mesmo tratamento. Conferindo competitividade a este novo instrumento financeiro, isentando de IRC e de imposto ao rendimento das pessoas singulares (IRS) os rendimentos derivados das unidades de titularização e das obrigações titularizadas obtidas por empresas não sediadas ou pessoas não residentes em território português.

O primeiro problema a resolver era o de saber como seria tributada a eventual diferença entre o valor da cessão e o valor contabilístico dos créditos. Esta diferença poderia ser positiva ou negativa.

Sendo positiva, esta diferença é considerada proveito no exercício da cessão, para efeitos de tributação do cedente (artigo 2.º, n.º 1 a)). Estes proveitos ou rendimentos ficam isentos de IRC quando os seus titulares – cedentes sejam (artigo 2.º, n.º 4) entidades não residentes em território português e sem estabelecimento estável situado neste território aos quais os rendimentos sejam imputáveis, excepto nos casos em que a entidade não residente seja uma pessoa colectiva detida, directa ou indirectamente, em mais de 25% por entidades residentes ou seja residente de Estado ou território constante de lista aprovada pelo Ministro das Finanças; e as entidades previstas no artigo 9.º do Código do IRC.

Também são considerados proveitos do exercício em que se verificarem, as remunerações de gestão auferidas pelo cedente, ainda que englobem no seu valor a parcela dos juros dos créditos cedidos (artigo 2.º, n.º 3). Relativamente aos rendimentos derivados da cessão de créditos não existe obrigação de efectuar a retenção na fonte de IRC (artigo 2.º, n.º 5).

Sendo negativa a diferença para o cedente, entre valor da cessão e o valor contabilístico dos créditos cedidos, é considerada custo no exercício da cessão, salvo nas situações em que a entidade cedente adquira qualquer interesse nos proveitos da entidade cessionária, caso em que o custo deve ser diferido, em fracções iguais, nos exercícios compreendidos entre a data de cessão do crédito e a data do seu vencimento (artigo 2.º, 1).

Estão isentas de IVA as operações de administração e gestão dos fundos de titularização de créditos, as prestações de serviços de gestão de créditos que se enquadrem no artigo 5.º do decreto-lei n.º 453/99 e as operações dos depositários a que se refere o artigo 24.º do mesmo diploma (artigo 5.º, n.º 1).

Estão isentos de imposto do selo (artigo 6.º): as cessões de créditos, incluindo eventuais retrocessões dos créditos cedidos para efeitos de titularização; os juros cobrados e a utilização de crédito concedido por instituições de crédito e sociedades financeiras aos fundos de titularização de créditos e às sociedades de titularização de créditos; as comissões e contraprestações cobradas às entidades cessionárias pelos gestores dos créditos, no âmbito do artigo 5.º do decreto-lei n.º 453/99 e as operações dos depositários no âmbito do artigo 24.º do mesmo diploma.

39. Regime fiscal no caso de cessação antecipada dos contractos de aquisição de energia eléctrica (CAE) – Lei n.º 52/2004 e Decreto-lei n.º 240/2004 de 27 de Dezembro

Este panorama que, independentemente das dificuldades da sua aplicação prática, era coerente, foi perturbado pela lei n.º 52/2004 de 29 de Outubro e pelo decreto-lei n.º 240/2004 de 27 de Dezembro.

A lei n.º 52/2004 concedeu ao governo autorização para legislar sobre a atribuição de compensações no âmbito da cessação antecipada dos contratos de aquisição de energia (CAE) celebrados entre a entidade concessionária da rede nacional de transporte de energia eléctrica (RNT) e as entidades titulares de licenças vinculadas de produção de energia eléctrica (Produtores), bem como sobre a criação dos mecanismos necessários que visem assegurar o pagamento dos montantes compensatórios daí decorrentes, incluindo a repercussão dos respectivos encargos na tarifa de uso global do sistema (tarifa UGS).

O artigo 3.º autorizou o governo a estabelecer (alínea c)) o momento em que as compensações devidas aos produtores são incluídas na respectiva matéria colectável, por forma a assegurar uma situação de neutralidade fiscal.

Note-se que o legislador (artigo 16.º do decreto-lei referido) determinou que as disposições do decreto-lei n.º 453/99 de 5 de Novembro, que estabelece o regime de titularização de créditos, e do decreto-lei n.º 219//2001 de 4 de Agosto que estabelece o regime fiscal dessas operações, com as alterações posteriormente introduzidas, são aplicáveis às operações de titularização que tenham por objecto os direitos e outros activos decorrentes do pagamento dos encargos previstos nos n.º 4 e 5 do artigo 5.º, sem prejuízo das regras especiais previstas no presente diploma.

Trata-se, portanto, declaradamente, de um regime especial que só se aplica ao caso de cessação antecipada dos contratos de aquisição de energia eléctrica celebrados entre a entidade concessionária da rede nacional de transporte da energia eléctrica e as entidades titulares de licenças vinculadas de produção de energia.

Trata-se, portanto, de normas que não são susceptíveis de aplicação analógica – nunca seriam, em virtude do princípio da legalidade dos impostos e da proibição de aplicação analógica das normas que tratam de aspectos essenciais dos impostos – nem sequer de aplicação extensiva ou abrangente.

O artigo 8.º do referido decreto-lei, sobre a epígrafe de "neutralidade fiscal", determina que as compensações devidas aos produtores pela cessação antecipada dos CAE apenas são incluídas na matéria colectável dos produtores no momento em que os montantes dos CMEC e dos restantes encargos previstos nos números 4 e 5 do artigo 5.º sejam recuperados pelas tarifas, nos termos estabelecidos nos artigos 5.º e 6.º.

Nos termos do artigo 1.º do decreto-lei são reguladas neste as disposições aplicáveis à cessação antecipada dos contratos de aquisição de energia (CAE) celebrados ao abrigo do artigo 15.º do decreto-lei n.º 182/95 de 27 de Julho entre a entidade concessionária da rede nacional de transporte de energia eléctrica (RNT) e as entidades titulares de licenças vinculadas de produção de energia eléctrica que abastecem o sistema eléctrico do serviço público (SEP), adiante designadas por produtores.

O diploma procede à atribuição, a cada um dos contraentes do CAE, do direito a uma compensação em virtude da cessação antecipada destes contratos, à definição da metodologia de determinação do respectivo montante, das formas e momento do seu pagamento, dos efeitos de eventuais faltas de pagamento, da sua repercussão nas tarifas eléctricas e ao estabelecimento das regras especiais aplicáveis à possível titularização dos direitos respeitantes ao seu recebimento.

A cessação de cada CAE (artigo 2.º, 2) confere a um dos seus contraentes, entidade concessionária da RNT ou produtor, o direito a receber, a partir da data da respectiva cessação antecipada, uma compensação pecuniária, designada por custos para a manutenção do equilíbrio contratual (CMEC), destinada a garantir a manutenção do equilíbrio contratual entre as partes contraentes, subjacente ao respectivo CAE, e à obtenção de benefícios económicos equivalentes aos proporcionados por esse contrato que não sejam adequadamente assegurados através das receitas espectáveis em regime de mercado. O montante bruto da compensação determinado para cada centro electroprodutor pela cessação antecipada do respectivo CAE (artigo 3.º, 1) corresponde à diferença entre o valor do CAE calculado à data da sua cessação antecipada, e as receitas espectáveis em regime de mercado, deduzidas dos correspondentes encargos variáveis de exploração, uns e outros reportados àquela mesma data.

O cálculo efectuado pode conduzir à determinação de montantes devidos aos produtores, sendo estes, em tal caso, designados por CMEC positivos ou à determinação de montantes devidos pelos produtores à entidade concessionária da RNT, caso em que são designados por CMEC negativos (n.º 3 do artigo 3.º). Os montantes dos CMEC determinados nos termos do diploma são susceptíveis dos ajustamentos anuais e de um ajustamento final, de forma a assegurar a obtenção de benefícios económicos equivalentes aos proporcionados pelos CAE (n.º 5 do artigo 3.º). Os n.ºs 4 e 5 do artigo 5.º prevêem diversos encargos a serem integrados na tarifa UGS sobre a designação de parcela fixa ou de parcela de acerto (n.º 5).

A parcela fixa e a parcela de acerto são facturadas e cobradas pelas entidades responsáveis pelo transporte, distribuição ou comercialização de energia eléctrica aos consumidores, para entrega a cada produtor ou aos respectivos cessionários pela entidade concessionária da RNT.

II SECÇÃO
Venda de créditos futuros

40. Cessão de créditos futuros e figuras próximas

A transmissão de créditos pode ser realizada pelos seguintes institutos: cessão da posição contratual; cessão de créditos; novação.

Na novação verifica-se a criação de novo crédito em substituição do primeiro; nas outras modalidades o crédito mantém as suas características essenciais, transmitindo-se os direitos acessórios e as garantias que asseguram o seu cumprimento (artigos 528.º e 594.º do código civil).

A cessão da posição contratual, regulada nos artigos 424.º e seguintes do código civil, é um negócio pelo qual o cedente, no âmbito de um contrato com prestações recíprocas e com o consentimento da outra parte, transmite a terceiro o conjunto de direitos e obrigações decorrentes da sua posição contratual. O consentimento do devedor é só um requisito de eficácia face a terceiros. Assim, a falta de notificação e aceitação do cedido tem por consequência a manutenção da obrigação em causa perante o cedente e não para com o cessionário.

A cessão da posição contratual não constitui um instrumento adequado à titularização de activos, uma vez que pressupõe o consentimento do cedido como requisito de eficácia da transmissão, o que tornará incerto e oneroso o processo de titularização. Para além disso, há que apontar como inconveniente a sujeição do cessionário às mesmas normas a que se encontrava sujeito o cedente. Esta forma de transmissão será só adequada a contratos de grande vulto e no âmbito dos quais as partes possam obter o consentimento ou realizar a notificação exigidos por lei.

A cessão de créditos vem regulada nos artigos 577.º e seguintes do código civil. O credor transmite a terceiro cessionário uma parte ou a totalidade do seu crédito. A lei trata os créditos como objecto de um direito susceptível de negociação autónoma perante relação jurídica que lhe deu causa (vd. supra n.º 8, tratando da sua equiparação a derivados). O legislador dispensa o credor da obrigação de notificação do devedor, assentando na livre disponibilidade dos créditos.

O crédito cedido mantém as características, pelo que o devedor pode opor ao cessionário os meios de defesa que lhe cabem no âmbito da relação jurídica original; a invalidade do contrato, o pagamento da dívida antes da notificação, a violação do contrato por parte do cedente, etc. Na lei da titularização de créditos, no caso da entidade cedente ser uma instituição de crédito, fundo de pensões ou uma sociedade gestora de fundos de pensões, a cessão dos créditos não fica dependente de qualquer conhecimento, aceitação ou notificação dos cedidos.

Poderia afirmar-se que o crédito não pode ser definido como um bem em sentido técnico, por não poder ser objecto de direito – a não ser que se queira adoptar a teoria que admite direitos sobre direitos. Mas o termo de "bem" pode revestir uma outra acepção designando qualquer entidade fazendo parte de um património de um sujeito capaz de satisfazer o seu interesse proporcionando-lhe utilidades[15]. Assim o próprio direito de crédito, enquanto parte do património do cedente, pode considerar-se como um bem susceptível de ser transferido para outros sujeitos.

Mas há que ir mais longe, assentando em que, na cessão de créditos futuros, o que é cedido/vendido é a expectativa actual a esses créditos, como se desenvolverá a seguir.

41. Venda de créditos futuros – Noções gerais

A venda (cessão) de créditos aparece associada a uma relação obrigacional sinalagmática duradoura, em termos de se cederem créditos integrados nesta relação[16]. Sendo cedíveis, não só os créditos já existentes[17], como os créditos futuros, ainda não nascidos. E quanto a estes, quer

---

[15] Diogo Leite de Campos, A subsidiariedade da obrigação de restituir o enriquecimento, Coimbra, Almedina, 1974, págs. 378 e segs. e 450 e segs.

[16] Vd. Carlos Alberto da Mota Pinto, Cessão da Posição contratual, reimp., Coimbra, Almedina, 1982, pág. 225.

[17] Aut. ob. cits., pág. 225, considerando ultrapassada a querela sobre esta matéria (nota 1).

os que vão nascendo "pro rata temporis" (como os créditos de rendas futuras num contrato de arrendamento em curso), como aqueles cujo tipo legal constitutivo ainda não se completou, ou cuja fonte só surge mais tarde (créditos ligados a seguros de renda vitalícia, por ex.)[18].

Tais créditos futuros são cedíveis desde que sejam determináveis, nos termos exigíveis para o objecto negocial[19]. Bastará que seja previsível o nascimento do crédito, não sendo necessário o conhecimento da pessoa do futuro devedor. São cedíveis: créditos a juros hipotecários; os direitos de um sócio aos dividendos de uma sociedade; os salários de uma relação de trabalho ainda por nascer; o direito ao futuro saldo positivo de uma conta corrente; as pensões derivadas de um direito de indemnização por acidente; os créditos emergentes dos negócios realizados por um estabelecimento; etc.[20] (vd. supra n.º 6).

42. Venda da expectativa, procedimento e crédito.

Os Autores italianos que se ocuparam da cessão de créditos concordam em que a cessão, tal como foi construída pelo Código Italiano de 1942, não constitui um contrato autónomo e distinto do comum contrato translativo, do qual se diferencia só em relação ao objecto[21]: a transferência do crédito é uma modificação do seu lado activo.

A peculiaridade do objecto, e só esta, justifica a intervenção do legislador. Transferindo-se um direito de crédito, e não um direito real, é necessário regular a relação cedente-cessionário, por um lado, e cedido, por outro lado. A regulamentação de tal relação em atenção às características do bem cedido, do crédito, é fundamental para o cessionário. Pois o cedente, em regra, tem de levar a cabo um complexo "<u>procedimento</u>" para que o crédito nasça (na esfera jurídica do cessionário)[22].

---

[18] Aut. ob. cits., pág. 226.
[19] Aut. ob. cits., pág. 227.
[20] Aut. ob. cits., pág. 227, nota 1.
[21] Cicala, Cessione del credito, in Saggi sull'obligazione e le sue vicende, Napoli, 1986, pág. 69 e seguintes.
[22] Vd. sobre esta noção, Salvatore Romano, "Agere" (Contributo allo studio del procedimento giuridico nel diritto privato), Studi in memoria di Guido Zanobini, V, Milano, Giuffrè, pag. 515 e segs.

O artigo 1470.º do Código Civil italiano, na definição do contrato de compra e venda, faz referência expressa à transferência da propriedade ou de "outros direitos". Não tendo que ser interpretado restritivamente como referindo-se só aos direitos de natureza real[23], os comuns contratos translativos, como a venda, a permuta e a doação, serão instrumentos idóneos para produzir a transferência de direitos de crédito. A transferência de um bem, um crédito, contra o correspectivo de um preço, de uma contraprestação expressa em dinheiro, constitui uma venda.

Mas é necessário fornecer mais explicações sobre o objecto do contrato. Nomeadamente, distinguindo <u>transferência de bem futuro</u> e <u>transferência de expectativa</u>.

A venda, quando tem como objecto créditos futuros, só produz o efeito translativo quando se verifique a existência do direito futuro.

O contrato pode ter por objecto um bem futuro, entendendo-se por tal, não só um bem (futuro) em sentido estrito – coisa não ainda presente na natureza – mas ainda um direito cujo quadro típico gerador ainda não se determinou nos seus elementos constitutivos mínimos[24]. É o que resulta do artigo 1472.º do Código Civil Italiano onde se afirma que, na venda que tenha por objecto coisas futuras, a aquisição da propriedade se verifica logo que a coisa venha a existir.

Contudo, o acto de disposição celebrado vincula as partes, de maneira irrevogável e definitiva, e impõe ao vendedor a obrigação típica, das situações preliminares, de não impedir o aperfeiçoamento do tipo legal aquisitivo e permitir ao destinatário/cessionário obter o bem, automaticamente, por efeito do seu aparecimento[25].

---

[23] Contra, Greco, La compravendita e altri contrati, Milano, 1947, pág. 2.

[24] Bianca, La vendita e la permuta, 2ª edição, Torino, 1993, pág. 375.

[25] Menezes Leitão[24] entende que a cessão de créditos futuros se reconduzirá normalmente a uma compra e venda, incumbindo ao vendedor por força do artigo 880.º do Código Civil, a obrigação de efectuar as diligências necessárias para que o comprador adquira o bem vendido. Será uma venda de expectativas jurídicas quando a constituição do crédito já tenha uma causa jurídica; e uma venda de esperanças, no caso contrário. Por força do artigo 408.º, 2, do Código Civil, a transmissão do crédito para o adquirente verificar-se-ia logo no momento em que ele é adquirido pelo alienante.

Embora se possa distinguir entre duas situações, para efeitos de percurso analítico, ambas merecem o mesmo tratamento jurídico.

A primeira, é a de se tratar da cessão de um crédito futuro enraizado numa relação já constituída. Neste caso, está a alienar-se uma expectativa jurídica a um crédito futuro.

43. Venda de expectativas

Mas o que se está a transmitir agora, repetimos, é uma expectativa jurídica actual que tem como objecto créditos futuros.

Os créditos totalmente futuros são alienados também em termos de venda da expectativa jurídica, menos tutelada, mas com consistência económica e financeira suficiente para ter um valor. Alienada essa expectativa jurídica, o crédito nasce como crédito presente na esfera jurídica do cessionário. Julgo que nada de essencial se altera.

44. Noção de expectativa.

A noção de expectativa e a sua relevância jurídica são muito discutidas na doutrina e na jurisprudência, considerando-se por vezes que a expectativa releva exclusivamente num plano de facto.

Na acepção corrente, a expressão expectativa designa uma situação de espera justificada pela probabilidade de verificar-se um determinado evento. Há a ideia de um acontecimento destinado a desenvolver-se no tempo e que não se esgota num único acto[26].

Ultrapassam-se assim os cânones tradicionais do direito subjectivo, desenhado sob o esquema do direito real ou da pretensão perante um sujeito determinado.

Não sendo suficiente o direito subjectivo, tal como configurado tradicionalmente, para representar todas as formas nas quais uma situação subjectiva de utilidade/vantagem pode assumir relevância para o Direito. Superando-se a categoria de direito subjectivo através da concepção de situações subjectivas activas sempre mais complexas e articuladas, nomeadamente a expectativa como uma situação de espera perante a verificação de um dado evento jurídico, é obvio que tal situação de espera deve revestir o carácter formal de uma situação jurídica, ou seja, deve ser objecto de tutela directa imediata por meio de uma norma que atribua ao

---

É esta expectativa presente que é alienada, presentemente, ao cessionário. Outros deveres do cedente, nomeadamente quanto à efectiva aquisição do crédito pelo adquirente, integram-se nos deveres gerais da boa fé.

[26] Scognamiglio, Aspettativa di diritto, Enciclopedia del Diritto, 3, Milano, 1958, págs. 226 e segs.

sujeito que é seu portador os instrumentos para afirmação, mesmo judicial, da sua situação de vantagem. É a predisposição dos efeitos preliminares, consistentes essencialmente na irrevogabilidade do vínculo, na obrigação de não impedir a completude do tipo legal e no poder de levar a cabo actos conservatórios, que qualifica juridicamente a situação de "espera". Caso contrário, esta seria meramente factual.

Costuma distinguir-se entre a *mera expectativa de facto* e a *expectativa de direito*. Na primeira, num quadro típico em vias de formação, um sujeito está à espera dum determinado resultado, independentemente de qualquer outra valoração de carácter jurídico. A segunda também se refere ao quadro típico "esperado", mas que é agora tutelado pelo ordenamento jurídico mediante a predisposição de instrumentos de tutela do interesse em causa.

A maioria dos autores portugueses concebe a expectativa, com relevo jurídico, como uma expectativa jurídica, situação intermédia entre os direitos subjectivos propriamente ditos e as meras expectativas de facto.

Tendendo alguns a enquadrá-la no âmbito dos direitos subjectivos e negando outros a relevância jurídica da "mera" expectativa de facto.

Assim, a maioria dos autores entende que para haver uma expectativa jurídica é preciso que já se tenham verificado alguns dos elementos do tipo legal de formação sucessiva que levarão à futura aquisição de um direito subjectivo por parte de um sujeito, acompanhados da correspondente tutela jurídica do titular da expectativa[27]. Para Menezes Cordeiro[28] a expectativa jurídica, dando lugar a uma protecção jurídica, enquadra um verdadeiro direito subjectivo, ainda que prévio ou intercalar.

Por seu lado, para Galvão Teles[29] a expectativa de facto, não gozando da menor protecção jurídica e não sendo legalmente tutelada, representa apenas um estado de espírito e possui, quando muito, valor económico se há a possibilidade de vir a tornar-se realidade.

Para alguma doutrina alemã mais recente, haverá que distinguir as simples expectativas ("Anwartschaft") das expectativas jurídicas já consolidadas ("Anwartschatsrecht"). Entre as primeiras situar-se-iam as

---

[27] Galvão Teles, Expectativa jurídica (algumas notas), DIR, 1958, pág. 2 e segs; Carvalho Fernandes, Teoria Geral do Direito Civil, II, pág. 595 a 597.
[28] Tratado de Direito Civil Português, I, Tomo I, pág. 181.
[29] Ob. cit. pág. 2.

perspectivas de aquisição de um crédito ou de um direito real, em processo de formação, em termos de já se terem verificado alguns pressupostos do tipo legal. As segundas enquadrariam as situações de perspectiva de aquisição que tenham adquirido um grau de consistência suficiente para passarem a ser consideradas uma posição patrimonial actual, como seria o caso, por exemplo, da transferência de um direito sobre condição suspensiva. Tratando a expectativa jurídica como um direito subjectivo, em qualquer dos casos, pode haver uma transmissão desta expectativa jurídica[30].

Qualquer expectativa, mesmo a "mera" expectativa de facto, pode ter um valor económico, constituindo um bem susceptível de ser vendido. Só que, quanto mais estiver no início o procedimento que leva à total verificação do tipo legal, menor valor económico terá; ou quando, uma vez celebrado o contrato, as partes, ou uma delas, sobretudo o cedente, estiver obrigado nos termos deste contrato, ou em virtude dos deveres de boa fé, a um longo procedimento para que o crédito nasça e se cumpra, também será menor o valor da expectativa e maiores os encargos futuros para o cedente. Em qualquer caso, o cedente tem um contrato a cumprir sendo o cessionário tutelado nos termos gerais do direito.

Aliás, as expectativas de aquisição de bens determinados estão sujeitas à penhora (artigo 860.º – A, do Código de Processo Civil, que manda (n.º 1) aplicar com as adaptações necessárias o preceituado nos artigos subsequentes acerca de penhoras de créditos). Trata-se de expectativas com um valor autónomo no património do seu titular que, também por via de penhora, pode ser transmitido autonomamente. No caso das expectativas menos consistentes, por exemplo, ainda não se começou a verificar nenhum dos pressupostos do tipo legal – se é dificilmente admissível a sua penhora, é facilmente admissível a sua transferência por contrato.

A expectativa jurídica não se pode confundir com um direito de crédito propriamente dito, pois que este constitui um direito subjectivo e a expectativa ainda não é um direito subjectivo.

Falar-se de expectativa jurídica é falar de quadro típico de formação progressiva, no sentido de que só se pode falar de expectativa juridicamente relevante quando o quadro típico, ao desenvolver-se no tempo,

---

[30] K. Larenz/M. Wolf, Allgemeiner Teil Bürgerlichen Rechts, 8.ª ed., C.H. Beck, München, 1997, §15 e §50.

torna possível a formação de estádios sucessivos, todos destinados à produção do efeito final esperado pelas partes para satisfação do seu interesse último[31].

Têm de se excluir da expectativa todos os fenómenos de ligação entre dois quadros típicos que se sucedam no tempo unicamente em termos de sequência, sendo o primeiro quadro típico estranho em relação ao segundo e portanto irredutível a este. Não sendo os efeitos preliminares parte dos efeitos definitivos, os efeitos preliminares estão funcionalmente ligados aos definitivos por um nexo de instrumentalidade, assegurando a produção destes últimos. Mas isto não significa que os primeiros sejam parte dos "segundos". Têm a sua justificação na protecção das situações intermédias de que é investido o sujeito que deverá adquirir o direito final. Os efeitos preliminares cessam de ter relevância jurídica no momento em que surgem os definitivos.

Os efeitos preliminares traduzem-se, nomeadamente, na irrevogabilidade, na obrigação de não impedir o aperfeiçoamento do quadro típico, e no poder de levar a cabo actos conservatórios.

O dever geral de comportar-se segundo a boa-fé implica a obrigação de não impedir o aperfeiçoamento do quadro típico.

Fala-se, portanto, de expectativa jurídica quando, embora o direito ainda não tenha nascido, está em formação – por muito ténue que seja a sua fase embrionária. O direito no seu _se_ e no seu quanto, sobretudo quanto aos sujeitos, já é configurável.

45. Quadro típico de formação sucessiva

O quadro típico de formação progressiva é unitário, desenvolvendo-se através de estádios de formação diversos e dando vida a efeitos preliminares que tutelam as situações subjectivas intermédias[32].

---

[31] Vd. Ubaldo La Porta, Il trasferimento delle aspettative, Contributo allo studio delle situazioni soggettive attive, Napoli, Edizioni Scientifiche italiane, 1995, pág. 280 e segs., 296 e segs.

[32] Ubaldo La Porta, ob. cit., p. 63. Considerando a expectativa como um bem no sentido próprio, incluído no património do seu titular, vide, A. Falzea, La condizione e gli elementi dell'atto giuridico, Milano, 1941, pág. 213.

A expectativa jurídica envolve um grau de incerteza quanto a alguns dos elementos estruturais do contrato[33]. Suponha-se o caso, muito frequente, de A acordar com B que lhe prestará serviços de contabilidade no ano X, recebendo em contrapartida uma percentagem dos lucros de B. Há aqui uma incerteza quanto aos custos para A (prestação deste) e à remuneração que este vai receber. Podendo mesmo A não auferir qualquer remuneração, se não houver lucros de B. Aqui há, mais do que uma expectativa jurídica, um direito subjectivo, embora prévio em relação ao direito definitivo.

Já terão menores graus de consistência jurídica e económica, situações como as seguintes.

Uma sociedade que explora um museu vende as receitas que gerarão no ano seguinte, por um certo preço. O negócio estará assente numa base jurídica – a situação jurídica da cedente – e numa expectativa como valor económico, a de cobrança de ingressos. O valor desta expectativa assenta em séries estatísticas das receitas dos anos anteriores. Mas será muito falível, por depender da conjuntura económica, nomeadamente da região em que se insere o museu, da "moda", etc. Mas haverá uma "spes iuris", uma esperança de direitos, transmissível e com valor económico. Expectativa que tem por objecto direitos futuros, os direitos às receitas dos ingressos.

Próximo deste caso, não só na sua relevância jurídica como na sua consistência económica, estará a venda de receitas de portagens de auto-estradas ou de pontes; ou de consumos de energia eléctrica; ou de serviços de telefone. Neste quadro, o direito a receber o preço da "assinatura" de uma linha telefónica tem maior consistência do que a expectativa de receber o pagamento de futuros consumos de serviços telefónicos.

Mas uma qualquer expectativa, mesmo que só de facto, pode ter valor económico; pode ser transmitida. O seu objecto – na titularização de créditos – serão os créditos futuros, sendo o seu valor o das receitas previstas, abatido da incerteza do seu se e do seu quanto e dos juros do prazo que decorrerá até ao seu recebimento.

---

[33] Sobre a noção de expectativa jurídica, vd. Francisco Amaral, Direito Civil, Introdução, 2ª ed., Renovar, Rio de Janeiro, 1998; Menezes Cordeiro, Tratado de Direito Civil Português, I, Coimbra, Livraria Almedina, 1999, pág. 136/137; Maria Raquel Rei, Da expectativa jurídica, ROA, 1994, pág. 149 e segs.

As situações subjectivas que se vão determinando durante a pendência do quadro típico perspectivam-se como «direito ao direito», pretendendo-se descrever uma posição jurídica de direito subjectivo, seguramente instrumental e provisória com referência ao direito final, mas constituída por um conjunto de faculdades e de pretensões actuais.

46. Cont. – Negócio de configuração

O contrato preliminar poderá ser construído em termos de um negócio de configuração, que terá como função determinar a causa de futuros conteúdos negociais, de cuja combinação derivará o efeito atributivo.

47. Venda de expectativa e venda de direito futuro. Venda de coisa futura

As construções doutrinais da transferência de coisa futura variam da "inversão cronológica da ordem de formação do tipo legal"[34] ao tipo legal de formação progressiva; da teoria do negócio condicionado à do negócio meramente obrigacional. Em qualquer caso, assenta-se no facto de que a aquisição do direito coincide necessariamente com o "nascer" da coisa.

O mecanismo aquisitivo próprio da transferência do bem futuro exige uma "procedimentalização" do título legal de aquisição, pelo menos a nível dos factos, integrando: um negócio de disposição, dotado de todos os requisitos típicos do negócio de transferência; o nascer da "coisa" (ou do direito) que, por força da disposição do artigo 1348.º do Código Civil italiano, embora não incidindo sobre a validade do negócio de exposição, condiciona a sua eficácia translativa.

A venda de coisa futura, assim como a cessão de créditos, tendo o mesmo objecto, são negócios válidos mas não idóneos para produzir efeitos translativos da coisa ou do direito no momento da perfeição do vínculo contratual. Trata-se de tipos legais idóneos a transmitir situações

---

[34] Rubino, La fattipecie e glie effetti giuridici preliminari, Milano, 1939, pág. 86 e seguintes.

de expectativas tuteladas juridicamente, susceptíveis de constituir objectos de autónomos actos de disposição, estes com efeito translativo[35].

Se a aquisição do direito futuro se verifica, nos termos do artigo 1472.º, do Código Civil italiano, só no momento em que a coisa surge, é difícil determinar em que momento a coisa surge.

Todas as doutrinas sobre a natureza jurídica da venda de coisa futura estão concordantes sobre uma dupla afirmação: a essencial inaptidão do tipo legal para a produção do efeito real[36]; e a determinação de um vínculo negocial que exprime um certo grau de eficácia do vínculo, variamente interpretado no seu conteúdo.

Algumas construções doutrinais tinham levado à ruptura da estrutura unitária da venda de coisa futura, considerando que do contrato nasceria uma relação de natureza obrigatória por força da qual o vendedor ficava obrigado a adquirir a propriedade da coisa ao comprador, implicando assim uma separação entre o modo e o título de aquisição.

A unidade da operação translativa, que tem como objecto bens futuros, implica que se afirme a unidade procedimental do facto aquisitivo. Tipo legal unitário mas desenvolvendo-se no tempo segundo as seguintes perspectivas: ora negócio condicionado; ora tipo legal de formação progressiva em sentido estrito; ora negócio a quem falta um elemento essencial de eficácia.

Tais doutrinas implicam uma especial ponderação do mecanismo aquisitivo do direito. Aceitando-se a impossibilidade de o negócio fazer adquirir a propriedade, deve considerar-se que, no caso da transferência de coisa futura, o património do vendedor não está vinculado à aquisição do direito de que se dispôs antecipadamente.

Isto permitia afirmar que, no caso de falência do disponente antes do "nascimento" da coisa não haveria lugar à aplicação do artigo 42.º da Lei Falimentar, na medida em que a aquisição do bem futuro, no momento do seu aparecimento, produzir-se-ia directamente a favor do adquirente sem passar através do património do alienante.

Embora o acto de alienação não seja idóneo para a produção de efeitos reais, deve considerar-se que, no momento da transferência, o

---

[35] Sobre a transferência das expectativas, Ubaldo La Porta, Il trasferimento delle aspettative, Napoli, 1995, págs. 250 e seguintes.

[36] Vd., por todos, C. Massimo Bianca, ob. cit., pág. 381.

bem, por ser futuro, não entra no património do disponente nem no do terceiro. Assim, as vicissitudes que sucessivamente afectem o património do disponente, não podem afectar um direito que aí não está. Mesmo que devêssemos construir o contrato translativo de bem futuro como contrato obrigatório em sentido próprio, concretizando-se, por parte do disponente, na obrigação de fazer adquirir a propriedade no momento da existência da coisa.

A transferência de coisa futura faz surgir no destinatário da atribuição translativa uma situação de expectativa que se acompanha por um feixe de deveres e de direitos e do qual o cessionário poderia dispor.

No caso da venda de coisa futura o tipo legal aquisitivo desenvolve--se no tempo, em sentido "procedimental", de modo a dar vida, com o decurso do tempo, a uma situação jurídica subjectiva activa qualificável em termos de expectativa[37].

Isto porque, qualquer que seja a construção que se queira seguir, e afastada a que constrói a transferência da coisa futura no âmbito do contrato obrigatório, rompendo a unidade do título legal, tem de se reconhecer que a venda de coisa futura dá vida a um tipo legal destinado a desenvolver-se no tempo. Neste quadro, as situações jurídicas encontradas durante o aperfeiçoamento do percurso aquisitivo não constituem situações finais, mas assumem natureza preliminar, para protecção do interesse do adquirente em tornar-se titular do direito sobre a coisa.

Qualquer que seja a construção preferida acerca da identificação da estrutura da transferência de bem futuro, não se pode desconhecer que o facto "vindo a existir a coisa" incida directamente sobre a actualidade da relação jurídica final derivada da transferência e ponto de chegada da desejável composição de interesses.

Os efeitos preliminares resultantes de transferência de coisa futura concretizam-se essencialmente: no carácter vinculativo irrevogável do vínculo; no poder do adquirente em ver reconhecida a sua situação de "espera" e levar a cabo todos os actos conservatórios idóneos para evitar a lesão da expectativa; na pretensão de ver levados a cabo os comportamentos exigíveis do transferente para que a coisa venha a existir, realizando assim o interesse final tido em vista.

---

[37] Vd. Salvatore Romano, ob. loc. cits.; e Ubaldo La Porta, ob. cit., esp. pág. 155.

Se a venda de coisa futura, tal como a transferência do direito futuro em geral, é idónea para criar uma situação de expectativa no destinatário da atribuição final, há uma nítida diferença entre a transferência de bens futuros e a transferência de expectativas.

A reconstrução orgânica e sistemática da transferência da expectativa faz ressaltar a natureza imediatamente translativa do tipo legal e a suficiência do "vulgar" contrato translativo para produzir um efeito real. Pelo contrário, como já se viu, não pode ligar-se à transferência de um bem futuro um imediato efeito real; e do ponto de vista estrutural deve afirmar-se que a mecânica aquisitiva não se esgota na celebração de um vulgar contrato de transferência, necessitando este último de uma integração factual (o aparecimento da coisa) para a realização do interesse final[38].

Isto quer dizer que só no caso de transferência de expectativa em sentido estrito o destinatário da atribuição vem investido, por força do efeito translativo, de uma situação subjectiva actual, embora interina e limitada no seu conteúdo, de cuja evolução nascerá o direito final. No caso do direito futuro, pelo contrário, o destinatário da transferência não é investido numa situação subjectiva já existente, mas vê constituída em si mesmo uma situação autónoma e primária, não derivada do vendedor.

Por este motivo, só no caso de transferência de expectativa a aquisição do direito final por parte do titular da expectativa terá, por assim dizer, um título originário, independentemente de qualquer possível reflexo das vicissitudes relativas no património do transferente e já não no do disponente (do qual se adquire só a expectativa). No caso de aquisição de direito futuro, pelo contrário, a obtenção do bem é realizada perante o vendedor, por força de um acto de exposição antecipado, sem transmissão imediata das situações subjectivas já verificadas, embora com conteúdo preliminar[39].

Assim, no caso de transferência de expectativa, e verificando-se, depois a falência do vendedor, a coisa vendida que é a própria expectativa e não já o direito que surgiria em sede do adquirente por efeito da evolução da expectativa, já passara para a propriedade do comprador e portanto o contrato não é posto em causa.

---

[38] Ubaldo La Porta, ob. cit., págs. 158 e segs.
[39] Ubaldo La Porta, ob. loc. ult. cits.

Põe-se o problema de saber se é possível uma transferência da expectativa, enquanto situação unitária intermédia, ou se, pelo contrário, se verifica sempre a alienação do direito futuro que derivará da verificação do quadro típico.

A doutrina fala de venda com efeitos obrigacionais para descrever os quadros típicos translativos onerosos nos quais a transferência do direito é diferida para um momento lógica e cronologicamente sucessivo com referência a verificação dos elementos constitutivos do negócio, e com a intenção de sublinhar que a eficácia de tais vendas se esgota inteiramente no plano obrigacional, não assumindo nenhuma relevância real o momento da conclusão do contrato. Fala-se de vendas obrigacionais não só com referência à venda de coisas futuras mas também quanto à venda de coisas genéricas e à venda de coisa alheia, situações nas quais falta o efeito translativo coincidente com o momento da perfeição do contrato.

A venda de coisa futura dá origem a uma relação de débito/crédito na qual, perante a situação activa do comprador, haveria uma situação passiva, definível como obrigação, e cuja prestação se concretizaria, no seu momento final e conclusivo, no acto sucessivo de transferência da propriedade coincidente, ao menos em sentido substancial, com o nascimento da coisa. Haveria um procedimento, em sentido estrito, semelhante ao que é determinado pela sequência preliminar. Mas, de qualquer maneira, há uma estrutura unitária, uma unidade estrutural do contrato[40]. Na venda de coisa futura há um tipo legal actual destinado a desenvolver-se no tempo e perante o qual as situações obrigacionais, que se encontram no decurso da formação, não constituem situações finais, mas assumem natureza preliminar, representando especificações do dever geral de boa-fé.

De qualquer modo há uma convergência de opiniões acerca da não idoneidade da venda de coisa futura para produzir imediatamente efeito translativo. Assenta-se, assim, no carácter unitário do quadro típico e na sua "actual" ineptidão para produzir o efeito real.

A venda da coisa futura não constitui um contrato imperfeito, em formação, não ainda completo em todos os seus elementos e destinando-se os efeitos definitivos a produzir-se em momento posterior sucessivo,

---

[40] Vd. Ubaldo La Porta, ob. cit., pág. 63.

no qual a coisa venha a existir. Constitui antes um negócio perfeito desde o início, com conteúdo obrigacional, verificando-se todos os elementos essenciais do contrato e sendo o objecto (mediato) constituído pela coisa esperada ou em curso[41].

A transmissão, enquanto fenómeno da realidade jurídica formal, só pode ter como objecto a "própria realidade", ou seja, os direitos (expectativas, etc.) e não imediatamente as coisas.

A essência do negócio translativo traduz-se na aquisição e perda do direito, com referência à transmissão, o sujeito pode produzir uma modificação na sua relação factual com a coisa.

Objecto do nosso negócio será o direito de expectativa, ou melhor, aquela situação subjectiva activa característica do quadro típico em curso de formação.

Mas nada impede que o acto translativo tenha como objecto próprio o direito final e não já a expectativa. Contudo, mesmo quando a vontade das partes em concreto se dirija a produzir a transferência do direito final, quando se verificaram já efeitos preliminares, o negócio de transmissão consistirá na transmissão da expectativa já surgida.

O objecto do negócio não é o direito futuro final (que surgirá na completude do título legal), mas a própria expectativa, como correspondente a uma situação autónoma substancial de interesse à completude do tipo legal em curso.

A consumpção da transferência da expectativa pelos negócios sobre coisa futura foi tentada por aqueles que, recusando a actual disponibilidade da situação intermédia, centraram o fenómeno no direito futuro, recusando a construção do contrato translativo com base no negócio condicionado. A disposição de bens futuros é hoje aceite e a noção compreende tanto a transmissão de direitos futuros como de coisas futuras, entendendo-se por direito futuro o direito derivado de um quadro típico em curso de formação ou para o qual o tipo legal construtivo não se tenha ainda formado[42].

Neste caso, o único direito disponível como direito futuro é aquele de que se espera o nascimento, sem que seja possível referir o acto de alienação realizado a outra realidade jurídica.

---

[41] Rubino, La fattispecie, lo. Cit. e Ubaldo La Porta, ob. cit., esp. págs. 155 e segs.
[42] Vd. Ubaldo La Porta, ob. cit., esp. págs. 160 e segs.

A transferência não pode referir-se a um direito actual que não existe, mas deve investir o cessionário no direito futuro.

48. Situação preliminar já formada

Mais delicado é o problema quando o quadro legal "originário" chegou já a um ponto de formação suficiente para a produção de efeitos preliminares qualificadores da situação de expectativa. Nestas hipóteses, a ocorrência de uma situação de expectativa jurídica impõe valorar os efeitos do acto de transferência, para verificar se a aquisição do cessionário se refere ao direito final ou deve ser referida à situação subjectiva preliminar, ou finalmente possa referir-se a uma e a outra, conforme a concreta estrutura negocial que se vai formar. Embora, em tese geral, se deva entender que há uma transferência da situação jurídica preliminar.

49. Transmissão dos efeitos jurídicos

A investidura na potencialidade de aquisição do direito final determina a aquisição automática dos efeitos jurídicos que se verificaram já no alienante e que atribuem forma legal à situação de expectativa objecto da disposição.

Tais efeitos transmitem-se (em princípio) imediatamente para o cessionário. Este facto determina uma modificação do mecanismo aquisitivo do direito final: a aquisição do direito futuro verifica-se imediatamente na titularidade do adquirente da expectativa no momento em que o quadro legal originário se aperfeiçoa.

Quando as partes transferem a expectativa, não dispõem do direito final mas transmitem e adquirem o "direito" actual ao "direito". O próprio correspectivo devido ao alienante não é medido pelo valor do direito final mas sim pelo valor desta situação intermédia. O efeito do negócio não é a aquisição, sempre diferida, do direito final, mas é a aquisição imediata do direito intermédio de expectativa, pelo que é com referência a este evento que deve assentar-se na natureza comutativa (não aleatória) do contrato. A valoração relativa à incerteza da sua evolução do direito final é valoração que incide sobre o perfil quantitativo do bem devido, mas não sobre a correspondência entre as prestações sinalagmáticas.

Tal contrato produz como efeito o sub-ingresso do cessionário na situação jurídica que pertencia ao cedente.

50. Segurança

A verificação, ou o começo da verificação, dos pressupostos do nascimento dos créditos não pode ser tão vaga ou tão longínqua que se ponham em risco valores fundamentais de certeza do Direito, que podem levar a uma séria instabilidade do comércio jurídico. Assim, parece-me dificilmente de aceitar que um clube de futebol ceda os seus créditos futuros dos próximos dois ou três decénios. Neste caso, podemos invocar que a autonomia contratual não pode projectar os negócios demasiadamente no futuro, pois correrá o risco de se estar a gerir não os interesses das partes mas os interesses de outrem. Entendendo-se que, nestes casos, a autonomia contratual falha por uma questão de competência ou legitimidade. Assim, ter-se-ão de aumentar as precauções à medida que a cessão de créditos futuros se afasta temporalmente do mandato da administração da sociedade ou dos titulares do cargo público.

51. Prolegómenos ao momento da aquisição do direito futuro.

Deve perguntar-se se o adquirente obtém o direito final directamente do primeiro alienante, ou se o adquire a título derivado do que lhe transferiu a expectativa. É necessário estabelecer se o direito final, uma vez verificado, passa através da esfera jurídica de quem dispôs da expectativa, ou se surge imediatamente no património de quem é titular da expectativa no momento em que o quadro legal originário se verifica. A aquisição do direito final não passa através da esfera jurídica do que dispôs da expectativa, como melhor demonstraremos.

O negócio transmite uma situação de expectativa para titularidade de um sujeito que espera a aquisição do direito final. Contudo, e dependendo do estádio de formação do quadro negocial, este pode não ser portador de nenhum interesse juridicamente tutelado que possa consentir--lhe a realização de actos de exercício (de um direito que ainda não existe). Durante o período de pendência, poderá ser o cessionário legitimado para todos os actos de exercício da situação jurídica intermédia.

O que está investido do interesse em obter o bem final está evidentemente investido de todos os poderes necessários para a obtenção do bem.

Não deve surpreender que se adquira a expectativa a título derivado e, pelo contrário, se obtenha o direito final a título originário. As duas situações jurídicas estariam estritamente ligadas entre elas por um nexo funcional unilateral embora autónomas e diferenciadas. Assim, embora sejam autónomos e diferenciados os títulos por força dos quais respectivamente se adquire a expectativa e o direito final, a causa da aquisição, no primeiro caso, é própria do contrato de transmissão cujo efeito é o de determinar a sucessão no lado activo da relação preliminar. A aquisição do direito final, pelo contrário, resulta directamente e em via imediata, da completude do originário tipo legal de aquisição, na esfera jurídica do cessionário (em tese geral).

52. Cont. – Momento do nascimento do crédito futuro

Sobre o momento em que nasce o crédito futuro e a esfera jurídica em que nasce há duas teorias fundamentais: a *teoria da transmissão* e a *teoria da imediação*[43].

Para a primeira ("Durchgangstheorie") os créditos futuros cedidos passam primeiro pelo património do cedente; para a segunda ("Unmittelbarkeitstheorie") os créditos surgem directa e imediatamente na esfera jurídica do cessionário.

A *teoria dominante*, não só na Alemanha, como nos outros ordenamentos jurídicos em que o problema tem sido posto é a da *imediação*. Os créditos surgem, pelo menos em via de regra, imediatamente na esfera

---

[43] Sobre estas teorias, e para além dos autores que se citarão a seguir, vd. sobre a teoria da transmissão: T. Mancini, La cessione dei crediti futuri a scopo di garanzia, Milano, Giuffré, 1968 p. 79; Larenz, Lehrbuch der Schuldrechts, I. Allg. Teil, 14ª ed., München, Beck, 1987, pág. 460; Schumann, Die Forderungs abtretung im deutschen, französischen und englischen Recht, Marburg in Hessen Elweirt/Braun, 1924, pág. 109; Sobre a teoria da imediação: Siber, no Kommentar de Planck, 4.ª ed., Berlin, J. Guttenkag, §398; Hufnagel, in NJW, 1952, p. 490; Staudinger Werner, §398, notas 1 e 2; Baath, Der Eintritt in ein gegenslitiges – Schuldverhältniss, Friburg, 1931, p. 32; C. Massimo Bianca, La vendita e la permuta, 2ª ed., in Trattato di Diritto Civile Italizano, fund. por Filippo Vassali, VII, 1, UTET, p. 375.

jurídica do cessionário. Foi esta a posição tomada pelo Supremo Tribunal Alemão (Reichsgericht) em 1903[44] que veio assentar na não aplicabilidade aos créditos futuros da estrutura de transmissão de créditos prevista no BGB. Tal posição foi seguidamente sustentada por Von Tuhr, que defendeu que, enquanto na cessão "normal" o crédito já constituído se transmite do cedente para o cessionário; nos créditos futuros, dado que o crédito ainda não existe, vem a nascer directamente na esfera jurídica do cessionário. O cedente não chega a ser credor – daquele ou daqueles créditos – pois o originário e único credor é o cessionário. Não haverá nada, por um lado, que leve a que os créditos se considerem nascidos na esfera do cedente; depois, a própria natureza das coisas leva a que créditos ainda não nascidos, por futuros, nasçam na esfera jurídica do seu titular (cessionário) no momento do seu nascimento[45].

A teoria transmissão foi defendida em Portugal por Vaz Serra, Mota Pinto e Ribeiro de Faria.

Vaz Serra aceita à luz do Direito anterior ao Código Civil de 1967, a cessão de créditos futuros, em virtude do princípio geral da liberdade de transmissão[46]. Entende, porém, que a transmissão do crédito só tem lugar quando o crédito nasce para o cedente que, ao ceder o crédito, "não pode obstar a que ele venha a pertencer ao cessionário, tal como se lhe tivesse cedido um crédito actual"[47]. Só na altura do nascimento do crédito adquire o cedente o crédito e se dá a transmissão para o cessionário; neste momento é o património do cedente "efectivamente desfalcado de um valor" – e se neste momento o cedente "está em regime de falência ou insolvência", "tal transmissão não deve valer em relação à massa"[48]. Acrescentando que, se na data em que o crédito nasce, o cedente perdeu o seu poder de disposição o cessionário não adquire o crédito.

Mota Pinto[49] também acolhe a doutrina da transmissão, com base sobretudo no argumento, também presente em Vaz Serra, de que os

---

[44] RG, 29/11/1903, in RGZ55 (1904), págs. 334-5.

[45] Neste sendito, Esser/Schmidt, Schuldrecht, 8ª ed., Heidelberg, 2000, 1-2, §37, pág. 310; Nörr/Sheying Pöggeler, Sukzessionen, 2ª ed., Tübingen, Mohr/Siebeck, 1999, §9, II, pág. 113.

[46] Cessão de créditos e outro direitos, in BMJ, n.º esp., 1955, esp. 7, referindo o projecto de Galvão Teles.

[47] Aut. ob. loc. cits., pág. 38.

[48] Aut. ob. cits., págs. 41/2.

[49] Cessão de posição contratual, Coimbra, Almedina, págs. 230 e segs.

pressupostos da aquisição do crédito futuro se devem verificar na pessoa do cedente. Em termos de o cessionário só o adquirir se o cedente o tiver adquirido[50].

Outros Autores defendem uma posição intermédia: haveria que distinguir entre os créditos futuros que teriam já um fundamento de vigência e os créditos futuros em que faltasse totalmente esse fundamento. No primeiro caso, o cedente transmitiria o crédito futuro que nasceria já no património do cessionário. Mas isso porque, desde logo, o cedente transmitiria a "raiz do direito", expectativa da sua aquisição de que seria já titular, termos em que o crédito se constituiria directamente na esfera jurídica do cessionário. No segundo caso, dado que ainda não haveria qualquer negócio celebrado onde assentasse o crédito, já não poderia verificar-se qualquer transmissão de expectativas, advindo o crédito ao cessionário através da esfera jurídica do cedente, no momento em que ele se viesse a constituir nesta esfera jurídica. Isto aqui teria importantes consequências práticas, nomeadamente se o cedente já não pudesse dispor do crédito por se encontrar numa situação de insolvência, a posição do cessionário não seria tutelada[51].

Menezes de Leitão[52] entende que apesar da "lógica da solução defendida pela teoria da imediação" se sobrepõem a ela duas normas: os artigos 1058.º e 821.º do Código Civil.

Nos termos do primeiro, serão inoponíveis ao sucessor inter vivos do locador a liberação ou cessão de rendas ou alugueres não vencidos, na medida em que tais rendas respeitem a períodos de tempo não decorridos à data da sucessão.

O artigo 821.º dispõe que são inoponíveis ao exequente a liberação ou cessão, antes da penhora, de rendas e alugueres não vencidos que respeitem a períodos de tempo posteriores à data da penhora. No entendimento do referido Autor, tais normas revelam que mesmo relativamente a relações já constituídas é de aplicar a teoria da transmissão, uma vez que a posição do cessionário é sempre sacrificada no confronto com um novo locador ou exequente.

---

[50] Também Ribeiro de Faria, Direito das Obrigações, II, págs. 523 e segs.

[51] Posição defendida por Antunes Varela, Obrigações, II, págs. 317 e segs. e Pestana de Vasconcelos, Dos contratos de cessão financeira (factoring), BFDUC, Studia Jurídica, Coimbra Editora, Coimbra, 1999, págs. 433 e segs.

[52] Cessão de créditos, Almedina, Coimbra, 2005, págs. 423 e segs.

Nesta ordem de ideias também se pronunciam Carlos Mota Pinto[53] e Ribeiro de Faria[54], segundo os quais, e como referimos, os requisitos de aquisição do crédito se deveriam verificar na posição do cessionário, para a teoria da imediação, enquanto de tais normas resultaria que o cessionário só virá a adquirir o Direito se o cedente sem a cessão o tivesse realmente adquirido. Ficando assim o crédito sujeito ao mesmo regime que aquele que teria na esfera do cedente, o que corresponderia à teoria da transmissão[55].

Acrescentar-se-ia, segundo Menezes Leitão[56], que existem objecções sérias à teoria da imediação. A primeira resulta da circunstância desta teoria efectuar uma cisão entre os pressupostos da cessão e as suas consequências jurídicas. Hoje, o negócio da cessão teria como objectivo transmitir um crédito e não criá-lo na esfera de terceiro. Além disso, a disposição geral do artigo 408.º, n.º 2, consagra genericamente que em relação a qualquer coisa futura a transmissão se dá quando a coisa é adquirida pelo alienante. Não se podendo abrir qualquer excepção para o crédito futuro a ser criado directamente na esfera do adquirente.

Finalmente, haveria um princípio geral na cessão de créditos segundo a qual o devedor conservaria todas as excepções que possuía contra o cedente (artigo 585.º), solução que a teoria da imediação afasta.

Para escolhermos entre qualquer das posições, há que determinar as consequências, mais ou menos justas, a que elas levam em tese geral; e depois compará-las com o regime jurídico da titularização de créditos futuros, pois é este que está em causa e este pode sofrer alguns entorses em relação ao regime geral.

Contudo, convém salientar desde já o seguinte. As disposições legais em causa terão sempre de passar pelo crivo crítico das disposições referentes à titularização de créditos e dos interesses que lhes estão subjacentes. Poder-se-á chegar à conclusão, depois desta análise, que não são aplicáveis à cessão de créditos para titularização. Aliás, aplicá-las, sem mais, à titularização seria inverter o correcto processo de interpretação das leis que manda atender aos interesses específicos do instituto em análise, e não subordiná-los a normas gerais pensadas e criadas para outras situações.

---

[53] Ob. cit., pág. 227 e segs.
[54] Obrigações, II, pág. 525 e segs.
[55] Neste sentido Maria João Tomé, DJ 6 (1992), pág. 283 e segs.
[56] Ob. loc. cit. págs. 423 e segs.

Depois, a circunstância de o devedor poder opor ao cessionário as excepções que poderia invocar perante o cedente, não afasta a teoria da imediação. Esta seria compatível com esse princípio – por se poder, e eventualmente dever, considerar que corresponde à "natureza das coisas" o nascimento do crédito imediatamente na esfera jurídica do cessionário; mas, sendo "substancialmente" o mesmo crédito afectado pelos vícios que existam nas relações cedente/devedor.

53. Posição do cedente

Comecemos, pela posição do cedente.

Entende Menezes Leitão[57] que, dado que o crédito transmitido ainda não nasceu, "não se poderá aplicar sem mais o artigo 587.º do Código Civil que obriga o cedente a garantir a existência e exigibilidade do crédito ao tempo da cessão". Haverá, antes, que aplicar o regime da venda de bens futuros (artigo 880.º do Código Civil) que determina que o vendedor é obrigado a adoptar as diligências necessárias para que o comprador adquira o bem vendido. Nomeadamente a celebração do contrato necessário para o surgimento do crédito. Existiria, portanto, uma obrigação de o cedente desencadear o surgimento do crédito, que se transferiria automaticamente, ainda que estivesse dependente da aquisição desse mesmo crédito pelo alienante (artigo 408.º, 2).

Continua a entender o mesmo Autor que não será de aplicar à cessão de créditos futuros a obrigação de entrega de documentos e outros meios probatórios do crédito, prevista no artigo 586.º, dado que o facto de o crédito ser futuro impede a existência, antes do seu nascimento, de documentos relativos ao mesmo. Relativamente aos documentos que não se referem ao crédito, mas genericamente à relação contratual a ele subjacente, não haveria sentido em determinar a sua entrega ao cessionário, já que o cedente tem um interesse legítimo em os manter. Agora quanto aos créditos emergentes de futuros negócios a celebrar, deve prever-se a obrigação da entrega dos documentos ao cessionário, mas só no momento em que o referido crédito se venha a constituir.

Julgamos que a posição de Menezes Leitão parte de um pré-suposto enquadramento conceitual para atingir um resultado também pré-suposto.

---

[57] Cessão de créditos, cit., págs. 425 e 426.

Referimos há pouco (n.ᵒˢ 41 e segs.) que o cedente vende uma expectativa actual por um preço também actual. Assim, é natural que esteja obrigado a diligenciar para que o comprador adquira o bem futuro. Daqui não resulta que tenha de adquirir o crédito/bem e transmiti-lo para o cessionário. Pelo contrário: a própria estrutura de venda de expectativa, raiz do crédito, permite ver claramente que este nasce (é natural que nasça) na esfera jurídica do cessionário. Se o cedente tiver de celebrar um contrato para que o crédito nasça, e tiver de o celebrar em nome próprio, então tudo muda de figura.

Não repugna, de modo algum, antes faz todo o sentido, que se já existe um vínculo jurídico com base na qual o crédito vá nascer, este nasça imediatamente na esfera jurídica do cessionário. Se o crédito é "totalmente" futuro, a solução será a mesma, desde que seja determinável. Mesmo que o cedente tenha de celebrar um contrato para que surja o crédito, tal contrato poderá ser a favor de terceiro/cessionário. E nos contratos a favor de terceiro o crédito nasce, como é sabido, directa e imediatamente na esfera jurídica do terceiro cessionário neste caso (art. 444.º do Código Civil)[58]. Esta solução, que nos parece preferível, é vista a uma luz mais adequada se levarmos em conta os dois aspectos que acabamos de referir: o que se vende é a expectativa à aquisição do crédito futuro, ou seja, a raiz do crédito; vendida a expectativa à aquisição de crédito, é natural que este nasça na esfera jurídica do cessionário.

54. Posição do cessionário

Passamos à protecção que é concedida ao cessionário até ao momento do nascimento/consolidação do crédito na sua esfera jurídica.

Alguns Autores entenderam que a cessão de créditos futuros era um negócio de disposição, estando sujeita ao princípio da prioridade. O cedente estaria impedido de efectuar nova disposição sobre o mesmo crédito.

Autores há que têm entendido que há aqui que distinguir diversas situações.

No caso de existir uma pluralidade de cessões de créditos futuros, deveria ser aplicado o princípio da prioridade, prevalecendo a primeira

---

[58] Diogo Leite de Campos, Contratos a favor de terceiro, Coimbra, Almedina, págs. 20 e segs.

cessão que tenha sido celebrada e sendo ineficazes as outras. A mesma regra da prioridade deveria ser aplicada no caso de haver uma oneração de crédito futuro posteriormente à sua alienação, como acontece no penhor de créditos futuros[59].

Se houve uma extinção ou modificação do crédito por acordo com o devedor antes da sua constituição, ou se a posição contratual de onde surgiria o crédito foi objecto de revogação ou de cessão, este tipo de disposição afectaria a cessão de créditos futuros, pois esta ficaria sem objecto se o crédito não chegasse a constituir-se ou se viesse a constituir em pessoa diferente do cedente.

Menezes Leitão[60] concorda com a prevalência da cessão primeiramente celebrada no caso de uma pluralidade de cessões de créditos.

Mas já não concorda com a posição da doutrina, que diz ser dominante, no caso de modificação ou extinção do crédito por acordo com o devedor. Julga que, neste caso, há que distinguir duas situações: tratando-se de créditos relativamente futuros (por exemplo, rendas ainda não vencidas de rendimentos já celebrados) não poderá o cedente modificar o conteúdo do crédito. Mas, tratando-se de créditos absolutamente futuros (por exemplo, o preço de venda de mercadorias), dado que o conteúdo do negócio de disposição é apenas a transferência do crédito a constituir, não resultará da cessão de créditos futuros que o cedente venha a constituir o crédito com um conteúdo determinado. No caso de cessão de posição contratual do cedente em relação à qual tenha ocorrido uma cessão de créditos futuros, Carlos Mota Pinto[61] entende que se for efectuada uma cessão de créditos futuros emergentes de um certo contrato, transmitindo-se depois a posição contratual a um terceiro, os créditos futuros não pertencerão ao cessionário do crédito, mas antes ao cessionário da posição contratual. Não parece, porém, a Menezes Leitão[62] que esta posição esteja correcta, pois que na cessão de créditos futuros e na cessão da posição contratual, sendo negócios de disposição que se vão repercutir sobre os créditos a constituir, o respeito pelo princípio da prioridade determinará a prevalência da primeira disposição sobre a segunda.

---

[59] Vaz Serra, BMJ, n.º especial, cit., pág. 39.
[60] Cessão de créditos, cit., págs. 426 a 429.
[61] Cessão de posição contratual, cit., pág. 226.
[62] Ob. cit., pág. 428.

Julgamos que a posição mais adequada, reflectindo a intenção das partes e os interesses em causa, é a de que prevalece a primeira cessão, em qualquer caso.

Veremos, mais tarde, qual a posição defensável em sede de titularização.

55. Posição do devedor

Passamos à tutela da posição do devedor.

Nos termos da regra geral do artigo 585.º, o devedor pode opor ao cessionário, ainda que este os ignorasse, todos os meios de defesa que seria lícito invocar contra o cedente, com a ressalva dos que provenham de facto posterior ao conhecimento da cessão. A posição da doutrina alemã passaria por uma equiparação da cessão de créditos futuros à cessão de créditos presentes, a nível da protecção do devedor, entendendo que esta solução constitui uma regra genérica da cessão de créditos. Entende Hahnzog[63] que, dado que o cessionário só pode adquirir o crédito nos termos em que este se venha a constituir, qualquer excepção adquirida pelo devedor em resultado do negócio será naturalmente oponível ao cessionário.

Tratando-se de créditos futuros resultantes de uma relação já constituída ou de um negócio sujeito a condição suspensiva, Perlingieri[64] entende que o cedente possuía um direito de aquisição eventual do crédito, já certo quanto ao seu montante e relevante juridicamente, pelo que tal direito é adquirido pelo cessionário que o pode exercer perante o devedor. Contudo, o devedor pode invocar perante o cessionário a excepção de inexigibilidade do direito.

Hahnzog escreve que neste caso não podem ser opostas ao cessionário as excepções nascidas depois da cessão e antes da constituição do crédito, resultantes do acordo negocial das partes. Fundamenta-se na

---

[63] Klaus Hahnzog, Die Rechtstellung der Zessionars Rünftiger Forderungen, diss., München pág. 50-1.

[64] Pietro Perlingieri, Della cessione dei crediti, Art. 1260-1267, in Commentario del Codice Civile, de A. Scialoja/G. Branca, Nicola Zanichelli – Soc. Ed. Foro Italiano, Bologna-Roma, 1982, págs. 163 e segs.

circunstância de, segundo ele, não ser necessário para a constituição do crédito futuro a celebração de um novo negócio entre cedente e devedor, bastando a execução da relação ou a verificação da condição.

No entender de Menezes Leitão[65], os maiores problemas da cessão de créditos futuros respeitam à excepção de compensação. E dá o exemplo de o devedor vir a beneficiar de um contra-crédito sobre o cedente, no momento em que se verifica a constituição do crédito, contra-crédito que ainda não possuía no momento em que teve conhecimento da cessão do crédito futuro.

A teoria da imediação e a teoria da transmissão levarão a resultados diferentes.

No primeiro caso, faltaria o requisito da reciprocidade dos créditos no momento da sua constituição, pelo que não se poderia compensar um crédito do cessionário com um crédito sobre o cedente. No segundo caso "como o crédito pertence por um segundo ao cedente, já se poderia admitir a compensação, ao abrigo do artigo 585.º". Contudo, esta norma afasta das excepções invocadas perante o cessionário as que foram adquiridas posteriormente ao conhecimento da cessão. Sendo assim, se a cessão de créditos tiver sido notificada ao devedor antes da constituição do referido contra-crédito, pergunta-se se este alguma vez pode ser invocado perante o cessionário.

Na Alemanha, e perante a norma semelhante do §406 do BGB, alguma doutrina tem entendido que a notificação da cessão de créditos futuros ao devedor afasta qualquer possibilidade de este invocar a compensação com contra-crédito sobre o cedente. Este entendimento encontra base na ideia de que a conservação da excepção da compensação, por créditos surgidos até ao momento em que o devedor tem conhecimento da cessão, justifica-se pela não lesão da confiança deste de que poderia continuar a compensar o crédito, não existindo qualquer confiança susceptível de tutela se o devedor ao adquirir o crédito já foi notificado que ele foi cedido a outra pessoa. Outra parte da doutrina entende que o §406 do BGB não se destina apenas a tutelar a confiança do devedor, mas também a permitir a conservação das excepções que possuía contra o cedente, não se podendo portanto privar o devedor da possibilidade de compensação que, sem a cessão, ele teria em relação ao cedente.

---

[65] Ob., cit., págs. 430 e segs.

Menezes Leitão inclina-se para esta última solução[66]. Embora nos pareça difícil aceitar a solução em tese geral, haverá que ponderar os interesses em jogo na titularização e as eventuais soluções dadas pelo legislador.

56. Insolvência do cedente

Passamos a um problema muito importante, decisivo para a escolha da melhor estrutura, que são as consequências da insolvência do cedente no âmbito da cessão de créditos futuros.
Vimos que a titularização de créditos exige a imunidade dos activos cedidos perante os credores do cedente e perante este mesmo. Mas vamos apreciar o problema em tese geral.
Tratando-se de uma cessão de créditos presentes, parece não haver dúvida de que a declaração de insolvência não se poderia repercutir no âmbito da cessão de créditos.
O problema é discutido quanto à cessão de créditos futuros e, sobretudo, se o crédito se vier a constituir apenas após a declaração de falência do cedente.
Para a teoria da transmissão, dado que o crédito chega a pertencer durante um breve instante ao património do insolvente, tal é suficiente para que seja objecto de aquisição pela massa insolvente, sendo o negócio ineficaz em relação a esta. Com efeito, o cedente tem necessariamente de ser titular do crédito, e portanto do poder de disposição sobre ele, no momento em que se verificar a sua transmissão para o cessionário.
Se neste momento, da transmissão para o cessionário, em que o cedente devia ser titular do poder de disposição do crédito já perdeu este poder, sendo os actos de alienação ineficazes em relação à massa, não merece qualquer tutela jurídica a posição do cedente e a do cessionário. A solução oposta, para os defensores da teoria da transmissão, teria o inconveniente de permitir ao insolvente subtrair aos seus credores os créditos de que futuramente viesse a ser titular, mediante a sua cessão antes da respectiva constituição[67].
Para os defensores da teoria da imediação, dado que o crédito se constitui directa e imediatamente no património do cessionário, a solução

---

[66] Aut. ob. cits., pág. 432.
[67] Também, Vaz Serra, ob. cit., págs. 41 e segs.

seria a de que não poderia ser objecto de apreensão pela massa falida, sendo também inatacável o negócio de cessão, uma vez que foi celebrado definitivamente antes da declaração de insolvência.

A necessidade sentida por alguns Autores de proteger a situação dos credores do cedente levou-os a defender a solução de que, havendo insolvência do cedente, a posição do cessionário deveria ser equiparada e não beneficiada, em relação aos outros credores da massa falida. Assim, Von Tuhr sustentou que, tal como podem ser opostas ao cessionário pelo devedor as excepções que ele teria contra o cedente, a cessão não pode servir para lhe criar uma posição jurídica melhor do que aquela que lhe adviria se tivesse sido o cedente a adquirir o crédito. Esta posição é aceite por muitos autores que entendem que a cessão de créditos futuros não pode prevalecer perante a declaração de insolvência do cedente.

Entre nós, e no entender de Menezes Leitão[68], esta solução terá consagração expressa no CIRE. Assim, o artigo 115.º n.º 1 deste diploma dispõe que "sendo o devedor uma pessoa singular e tendo ele cedido ou dado em penhor, anteriormente à declaração de insolvência, créditos futuros emergentes de contrato de trabalho ou de prestação de serviços, ou o direito a prestações sucedâneas futuras, designadamente subsídios de desemprego e pensões de reforma, a eficácia do negócio ficará limitada aos rendimentos respeitantes ao período anterior à declaração de insolvência, ao resto do mês em curso nessa data e os 24 meses subsequentes; acrescentando o n.º 2 que "a eficácia da cessão realizada ou do penhor constituído pelo devedor anteriormente à declaração de insolvência que tenha por objecto rendas ou alugueres devidos por contrato de locação que o administrador da insolvência não possa denunciar ou resolver, nos termos respectivamente do n.º 2 do artigo 104.º, do n.º 1 do artigo 109.º fica limitada, seja ou não o devedor uma pessoa singular, às que respeitam ao período anterior à data de declaração de insolvência, ao resto do mês em curso nessa data e ao mês subsequente". Terá o legislador entendido que se devia limitar no tempo a eficácia de tais cessões de créditos futuros sobre a declaração da insolvência.

Entendendo Menezes Leitão que em relação à cessão de créditos futuros, e por força da declaração de insolvência, o insolvente perde a faculdade de disposição, quer dos seus bens presentes, quer dos bens

---

[68] Ob. cit., págs. 434 e segs.

futuros, que passam a integrar a massa insolvente, sujeita a administração e disposição do administrador da insolvência. A situação será semelhante à celebração do contrato de compra e venda, sem que haja transmissão da propriedade à data da insolvência, cabendo ao administrador decidir se mantêm a cessão do crédito ou se recusa o seu cumprimento (artigo 102.º CIRE).

Passando à questão da morte do cedente, Vaz Serra, apesar de defender a teoria da transmissão, vem sustentar que a cessão de créditos futuros é eficaz mesmo que o cedente faleça ou se torne incapaz depois dela[69].

Mais uma vez aqui me parece que a teoria da imediação se compadece com qualquer das soluções propostas. Havendo que analisar a melhor resposta aos problemas no quadro da titularização de créditos futuros.

O artigo 1058.º do Código Civil também não constitui um obstáculo decisivo ao nascimento do crédito directamente na esfera do cessionário. Embora tenha bastante peso, refere-se aos casos em que a posição de locador é transmitida entre vivos, concedendo-se prevalência aos interesses do novo locador sobre os do cessionário.

No caso em que se verifique um conflito entre os interesses do sucessor singular na relação contratual, em virtude da cessão prévia das rendas ou alugueres que só nascerão no momento em que aquele já é locador, e os do adquirente anterior desses créditos futuros, a lei concede prevalência aos do primeiro, impondo a solução da inoponibilidade.

Contudo daqui não se pode retirar qualquer argumento no sentido da teoria da transmissão, nos casos em que o conflito de interesses que esta norma visa não se verifique. Ou seja, não se pode transpor esta solução para a transferência de créditos futuros em geral, quando não se tenha verificado "uma sucessão singular numa relação contratual existente" de onde eles venham a emergir[70]. Além disso, se o cedente transmitir os créditos a rendas futuras ao cessionário, sendo depois transmitida por acto seu a relação contratual a um terceiro, de onde decorreram os efeitos determinados no artigo 1058.º quanto à ineficácia da cessão perante este último, o transmitente violará a garantia da existência do crédito, tendo de responder perante o cessionário. Impedindo a aquisição de créditos por este último.

---

[69] Vaz Serra, BMJ cit. pág. 39.
[70] Mota Pinto, Cessão da Posição Contratual, cit. pág. 394.

O artigo 821.º também deve ser invocado nesta matéria. Refere-se à penhora, determinando que a cessão antes da penhora de rendas e alugueres não vencidos é inopunível ao exequente, na medida em que tais rendas ou alugueres respeitem a períodos de tempo não decorridos à data da penhora. Esta norma, que visa evitar fraudes, também não pode ser apontada como argumento a favor da tese da transmissão. Será muito simplesmente uma limitação, restringida a este tipo de casos da cessão de créditos futuros, de acordo com a tese da imediação.

Finalmente, o novo código da insolvência também deve ser trazido a este contexto. O seu artigo 115.º n.º 1 dispõe que se o devedor for pessoa singular que tenha cedido ou dado em penhor, antes da declaração de insolvência, créditos futuros emergentes de contrato de trabalho ou de prestação de serviços, ou de prestações sucedâneas futuras, designadamente subsídios de desemprego e pensões de reforma, a eficácia deste negócio fica limitada aos rendimentos respeitantes ao período anterior à data de declaração de insolvência, ao resto do mês em curso nesta data e aos 24 meses subsequentes.

Isto significa que a lei consagra a transmissão de créditos futuros, eficaz mesmo depois da declaração de insolvência, com a aquisição imediata do direito pelo cessionário. O que vem contrariar a teoria da transmissão, dado que os créditos nascidos após essa data teriam de passar pela esfera do cedente, passando a integrar imediatamente a massa insolvente e não tendo o insolvente quaisquer poderes de disposição dos bens que fazem parte desta (artigo 81.º, 1, CIRE).

Ao contrário: os créditos são adquiridos imediatamente pelo cessionário, sem passarem pela esfera jurídica do cedente.

No domínio da locação, a cessão de rendas ou alugueres devidos por contrato de locação que o administrador da insolvência não possa denunciar ou resolver, nos termos do n.º 3 do artigo 104.º e do n.º 1 do artigo 109.º, fica limitada, independentemente do devedor ser uma pessoa singular, às que respeitem ao período anterior à declaração de insolvência, ao resto do mês em curso nessa data e ao mês subsequente (artigo 115.º, 2, CIRE). Também esta norma pressupõe que os créditos cedidos não passam pela esfera do cedente/insolvente, sendo adquiridos imediatamente pelo cessionário. Se assim não fosse, tais créditos passariam a fazer parte da massa insolvente, o que não exigiria esta disposição legal que veio limitar nos casos apontados essas cessões de créditos futuros.

Assim, é de aceitar em tese geral a tese da aquisição imediata, embora tudo dependa de vontade manifestada no negócio, em sentido contrário, pelas partes.

É o que resulta, em síntese, da circunstância de não se estarem a vender (imediatamente) os créditos futuros. Mas tão só uma expectativa à sua aquisição. É esta expectativa que sai do património do cedente, e não os créditos futuros.

57. Negócio, procedimento e conclusão

A venda de créditos futuros consiste, temo-lo referido, na venda de uma expectativa actual ao nascimento de créditos futuros. Transferindo-se a base (raiz) do crédito, o crédito nasce na esfera jurídica do cessionário.

III SECÇÃO
Venda de créditos para titularização

58. Cessão (venda) de créditos para titularização
– Protecção dos cessionários

Passamos a aspectos particulares do regime da cessão (venda) de créditos para efeitos de titularização.

O primeiro aspecto será a protecção especial concedida ao cessionário em confronto com os credores do cedente, e que vimos levantar problemas e ser determinante em matéria de cessão de créditos em geral.

Nesta matéria estabelece-se na titularização uma larga tutela do cessionário em relação aos credores do cedente, dado que para segurança dos investidores se exige uma maior protecção daquele perante à actuação destes. Assim, o artigo 8.º do decreto-lei n.º 453/99 (titularização de créditos, alterado e republicado pelo decreto-lei n.º 303/2003, de 5 de Dezembro) estabelecia que a cessão de créditos para efeitos de titularização só pode ser objecto de impugnação pauliana no caso dos interessados provarem a verificação dos requisitos previstos nos artigos 610.º e 612.º do Código Civil, não sendo aplicáveis as presunções legalmente estabelecidas, nomeadamente no artigo 158.º do CPEREF (artigo 8.º, n.º 1, a). Para além disso, a cessão de créditos para efeito de titularização não pode ser resolvida em benefício da massa falida, excepto se os interessados provarem que as partes agiram de má fé (artigo 8.º, n.º 1, b). No caso de falência do cedente, a lei determina que não fazem parte da massa falida os montantes pagos no âmbito de créditos cedidos para titularização anteriormente à falência e que apenas se vençam depois dela (artigo 8.º, n.º 2), sendo o mesmo regime aplicável em caso de falência do gestor dos créditos (artigo 5.º, n.º 7, decreto-lei n.º 453/99).

Também em matéria de impugnação pauliana há algumas especialidades que é necessário analisar de perto. Sendo o crédito um valor no património do devedor em princípio a sua alienação pode ser objecto de impugnação pauliana se estiverem verificados os requisitos dos artigos 610.º e segs. do Código Civil. A impugnação pauliana é mesmo facilitada em caso de insolvência do cedente. O CPEREF admitia uma impugnação pauliana colectiva a deduzir pelo administrador de falência em que a má fé se presumia, o que facilitava a impugnação pauliana dos actos anteriores à declaração de falência.

Contudo, o artigo 8.º n.º 1 a) do decreto-lei n.º 453/99 vinha estabelecer uma limitação à impugnação pauliana, em termos de na cessão de créditos para titularização só poder ser objecto de impugnação pauliana essa cessão no caso dos interessados provarem a verificação dos requisitos previstos nos artigos 610.º e 612.º do Código Civil. Não sendo aplicáveis as presunções legalmente estabelecidas, designadamente no artigo 158.º do Código de Processos Especiais de Recuperação de Empresa e da Falência. Assim, os requisitos da impugnação pauliana tinham de ser sempre provados pelo credor impugnante, afastando-se as presunções relativas à má fé em matéria de insolvência instituídas pelo referido artigo 158.º.

Os artigos 120.º e segs. do CIRE deixaram de admitir a impugnação pauliana colectiva em caso de falência, falando unicamente em "resolução em benefício da massa insolvente". Daqui poderá resultar a revogação do artigo 8.º n.º 1 a) do decreto-lei 453/99, dado que a solução que ele dispõe ter de se compatibilizar com a única impugnação pauliana legalmente prevista que é a dos artigos 610.º e segs., cujos requisitos têm sempre de ser provados pelo credor impugnante

De qualquer modo, não se estabeleceu qualquer limitação ao prazo durante o qual o credor pode requerer a referida acção que é em geral de cinco anos (artigo 618.º). Este prazo é demasiadamente longo e inadequado à certeza e segurança que merecem os investidores.

59. Resolução e benefício da massa

O artigo 8.º, n.º 1, alínea b) do decreto-lei n.º 453/99 veio estabelecer que a cessão de créditos para titularização não pode ser resolvida em benefício da massa falida excepto se os interessados provarem que as partes agiram de má fé. O requisito de má fé é dispensado nas hipóteses a que se refere o artigo 121.º do CIRE (resolução incondicional). Assim, parece que a cessão de créditos para efeitos da titularização, na medida em que exige a demonstração da má fé das partes, funciona como derrogação destas disposições do CIRE. Haverá assim uma maior dificuldade de resolução da operação de titularização de créditos em benefício da massa falida, dado que o artigo 8.º, n.º 1 b) do decreto-lei n.º 453/99 determina a não aplicação, no âmbito da cessão de créditos para efeitos de titularização, do disposto no artigo 121.º do CIRE. É de salientar porém que o CIRE não se aplica nem a pessoas colectivas públicas, nem a entidades públicas empresariais (artigo 2.º, n.º 2, a)), nem a empresas de seguros, instituições de crédito, sociedades financeiras e empresas de investimento, na medida em que o processo de insolvência seja incompatível com os regimes especiais para elas previstos (artigo 2, n.º 2 b) do CIRE).

60. Separação patrimonial na esfera do cessionário

Há que salientar dois princípios em matéria de cessão de créditos para titularização: a exigibilidade limitada dos créditos incorporados nos títulos de objecto de emissão e a segregação do conjunto de créditos.

Nestes termos, os portadores do título de titularização não podem executar o património integral da entidade emitente, mas apenas o fluxo financeiro correspondente aos créditos objecto da titularização. Também os credores da entidade emitente não têm a faculdade de atacar o património segregado constituído pelo conjunto de créditos objecto de titularização, a menos que sejam portadores de um título, determinando-se assim um fenómeno de separação de patrimónios. É certo que estes princípios variam conforme se trate de sociedades de titularização de créditos ou de fundos de titularização de créditos, mas não o vamos desenvolver na medida em que não interessa para o objecto do presente estudo.

61. Estrutura do negócio de venda de créditos para titularização

Para alguns autores a cessão (venda) de créditos para titularização opera-se através de um negócio que tem como causa a compra e venda, e em que a propriedade é transferida com base no princípio do consensualismo. Estaremos perante uma cessão "pro soluto", implicando a transmissão para o cessionário do risco do incumprimento do devedor cedido. A cessão para titularização corresponderia a uma "causa adquirendi" e não a uma "causa credendi", já que se trata de uma venda real e não de um financiamento, ao contrário do que sucederia na cessão de créditos em garantia.

Para Calvão da Silva[71], é a compra e venda o invólucro causal para a transmissão de créditos entre cedente e cessionário. Assim, a cessão de créditos para a titularização deve ser reconduzida a uma compra e venda. Esta concepção seria inequívoca quando o cessionário é uma sociedade de titularização de créditos, uma vez que o artigo 39.º do decreto-lei n.º 453/99 refere expressamente que estas sociedades "têm por objecto exclusivo a realização de operações de titularização de créditos, mediante a suas aquisição, gestão e transmissão e a emissão de obrigações titularizadas para pagamento dos créditos adquiridos". No caso dos fundos de titularização de créditos Calvão da Silva entende que a "causa vendendi" já não é tão directa, mas também resulta da previsão legal (artigo 12.º do decreto-lei n.º 453/99) da aquisição de créditos pelos fundos, o que levaria à qualificação da situação como uma aquisição de créditos mediante um preço, ou seja, uma compra e venda de créditos.

Foi esta a posição que defendemos em tese geral e que, também aqui, tem o nosso apoio.

---

[71] Ob. cit., pág. 38 e segs..

IV SECÇÃO
Cessão de créditos futuros para titularização

62. Introdução

Parece-me que a cessão de créditos futuros para titularização se pode assentar sem dificuldade em todas as considerações emitidas até aqui.

63. Distinções

Vamos iniciar a análise com as seguintes situações de facto: a) já constituída a relação da qual resultarão os créditos; b) ainda não constituída, a relação portanto meramente potencial.

64. A) Relação já constituída

Uma primeira hipótese é a do cedente que vem ceder créditos futuros assentes numa relação jurídica já constituída, com um devedor certo e determinado e de montante determinável, pelo menos de acordo com critérios técnico-científicos ou as regras da experiência.

Suponha-se que uma dada sociedade, que fabrica fornos eléctricos, cede os critérios futuros, resultantes das vendas acordadas, a um cliente durante um certo ano. Estando: a) já o montante dos créditos determinado; b) ou determinável, de acordo com critérios fixados no contrato de compra e venda. Estarão a ser cedidos: a) créditos certos e determinados, quanto ao devedor, e ao seu montante; b) créditos certos quanto ao devedor, de montante determinável.

Neste quadro estão a vender-se créditos certos, embora na hipótese b) de montante não determinado, mas determinável. Esta "determinabilidade" (que não "determinação") só influi nas condições económico-financeiras do negócio, no preço e outras condições, nomeadamente temporais da venda.

No que se refere ao momento da transferência dos créditos, tudo depende da vontade das partes.

Normalmente, a vontade das partes será no sentido da transferência imediata do cedente para o cessionário da expectativa jurídica (actual) ao crédito futuro.

Quanto à aquisição do crédito propriamente dito – que é crédito, ainda que "futuro" – corresponde à "natureza das coisas" que este seja adquirido imediatamente pelo cessionário logo que nasça, embora sujeito às condições previstas na lei de titularização de créditos. A não ser que as partes disponham algo em contrário.

Estranho seria que querendo as partes a transmissão do crédito e sendo este determinável enquanto objecto do contrato a sua aquisição pelo cessionário ainda estivesse dependente do seu nascimento, embora por um instante, na esfera jurídica do cedente. Em homenagem a que interesses ou a que dogmática? Aliás o próprio recebimento do preço revela claramente, na relação sinalagmática, a entrega definitiva do bem que se adquire mediatamente, do crédito futuro.

Neste sentido dispõe claramente o Código Civil a propósito da venda das coisas sujeitas a contagem, pesagem ou mediação (artigos 887.º e segs.). O Código Civil não estabelece regras especiais para o momento da transferência da propriedade que se operará por força do contrato, mas só se preocupa, "naturalmente", com o preço, transferindo-se a propriedade dos bens desde o momento da celebração do contrato.

Ainda mais característico é o regime da venda das coisas futuras (artigo 880.º).

Não se estabelece qualquer restrição, termo ou condição para a transferência da propriedade. Assim, logo que a coisa futura se tornar presente, será adquirida pelo comprador, não passando pela esfera jurídica do vendedor.

65. B) Créditos "totalmente" futuros – provenientes de relação jurídica ainda não constituída

É hipotizável um grau de indeterminação maior.

Suponha-se que uma sociedade cede os créditos que nascerão num certo ano da sua actividade de prestação de serviços de consultoria; ou da venda dos bens que produziu num certo ano. Indo mais longe, é hipotizável que uma sociedade concessionária de uma rede de auto-estradas ou de uma ponte ceda para titularização os créditos que nasçam durante um certo período.

"Quid iuris"?

Não vemos razão para distinguir estes créditos dos anteriores, apesar do seu maior grau de indeterminação. O que está em causa é a venda de uma expectativa jurídica actual, por um valor também actual. Os créditos nascerão, em qualquer caso, no património do adquirente, para o qual foi transferida a "raiz" que vai dar os frutos – os créditos.

A massificação típica da titularização levará a que não seja intenção das partes que haja negócios individualizados de cessão de créditos, mesmo em relação aos créditos futuros, e é só destes que estamos a tratar.

Nestes termos, parece-me de acordo com os interesses subjacentes ao negócio e à vontade das partes, que os créditos, logo que nasçam, surjam imediatamente na esfera jurídica do cessionário.

Esta estrutura é particularmente adequada à cessão de créditos de instituições financeiras, em que a cessão de créditos não tem de ser notificada aos devedores e os créditos continuam a ser geridos pelo cedente.

66. O nascimento do crédito futuro. Cessão plena

A cessão de créditos para titularização tem de ser plena (artigo 4.º, 6), não ficando sujeita a condições, nem a termo (vd. porém o n.º 26 que trata da cessão de créditos do Estado e da Segurança Social), não podendo o cedente ou entidade que com este se encontra em relação de grupo ou domínio, conceder quaisquer garantias ou assumir responsabilidades pelo cumprimento, quanto aos créditos futuros.

O cedente – sobretudo os bancos e demais instituições de créditos – têm interesse em se libertar de parte das suas carteiras de crédito, para diminuir os riscos, melhorar os rácios de solvabilidade, definir outros objectivos, etc., como referi supra[72]. Só através de uma verdadeira e completa venda ("true sale") o cedente obterá o efeito pretendido ("off-balance sheet"). Os activos financeiros sairão – mesmo em termos de expectativas jurídicas a créditos futuros – sendo substituídos pelo preço, com o risco a ser transferido para o cessionário. Este regime é consagrado no artigo 2.º, 2 da lei n.º 103/2003 de 5 de Dezembro – em que se determina que os créditos do Estado são cedidos de "forma efectiva, completa e irrevogável" – e no Aviso do Banco de Portugal n.º 10/2001. Neste aviso considera-se haver uma "cessão efectiva e completa quando se verifiquem, em simultâneo com a cedência dos activos, a transferência definitiva dos respectivos riscos, quer ao nível individual, quer ao nível do grupo de entidades, financeiras ou não, em que o cedente se integra" (n.º 3, 1).

A cessão efectiva e completa depende, nomeadamente, do preenchimento dos seguintes pressupostos: separação jurídica do património do cedente dos activos transferidos e inexistência de qualquer controlo efectivo do cedente sobre os activos transferidos. Não implicando, por si, a inexistência de cessão efectiva e completa, a detenção pelo cedente de parte dos títulos emitidos; a gestão pelo cedente dos activos transferidos, se prevista no contrato de cessão e sob condição de não cobrir eventuais perdas de capital; a possibilidade de recomprar, em certos termos, os activos cedidos e a concessão de certas facilidades de liquidez pelo cedente.

Embora tais normas se refiram à cessão de créditos por parte de bancos e sociedades financeiras, representam o normal modo de ser da cessão de créditos para titularização.

"Decisiva é a transferência definitiva dos riscos dos créditos cedidos"[73].

67. Referência às garantias e à propriedade "em garantia".

As garantias, já o referimos, transmitem-se em princípio com o crédito.

---

[72] Vd. Também, Diogo Leite de Campos e Manuel Monteiro, ob. cit., anot. ao artigo 4.º, 4.

[73] Calvão da Silva, ob. cit., pág. 42 in fine.

Nos termos do artigo 577.º, 1 do Código Civil, o credor pode transmitir só parte do crédito, mantendo-se como credor da parte não cedida. Assim, o devedor passará a ter dois credores, com acréscimo de encargos para si, quanto mais não seja por não poder cumprir apenas a um credor.

Não havendo prevalência de qualquer destes créditos, as garantias constituídas beneficiarão qualquer deles[74].

A transferência do crédito, independente do penhor ou hipoteca, leva à extinção destas garantias, a não ser que se preencham os requisitos do artigo 727.º do Código Civil.[75]

A fiança reverterá a favor do cessionário, a não ser que haja estipulação em sentido contrário[76]. Se houver estipulação só o cedente poderá exigir do fiador o pagamento ao cessionário[77].

O direito de retenção transferir-se-á com o crédito (art.º 760) se houver disposição nesse sentido[78].

68. Venda a prestações com reserva da propriedade

Na venda a prestações com reserva da propriedade, a propriedade do bem representa, substancialmente tão só, uma garantia do credor, na medida em que uma vez satisfeitas todas as prestações, o devedor tem o direito a adquirir automaticamente a propriedade da coisa. De qualquer modo, no caso de cessão de créditos futuros nesta matéria, não se deve transmitir a propriedade, pese embora a sua função de garantia, a não ser nos quadros de uma cessão da posição contratual.

Devendo, porém, exercer essa garantia em benefício do cessionário e de acordo com este. Podendo, também, resolver o contrato celebrado com o devedor/cedido, mediante prévio acordo com o cessionário. Salva estipulação em contrário, a reserva da propriedade em garantia passa a sê-lo em benefício do cessionário.

---

[74] Vaz Serra, ob. cit., págs. 295 e segs
[75] Luís Miguel Pestana de Vasconcelos, A cessão de créditos em garantia e a insolvência, em particular, da posição do cessionário na insolvência do cedente, diss. de dout., dact, Porto, 2005, pág. 367.
[76] Antunes Varela, ob. cit., II, pág. 324.
[77] Vaz Serra, ob. cit., págs. 300 e 309.
[78] Antunes Varela, II, cit., pág. 324.

No caso de incumprimento pelo devedor/cedido abrem-se ao cedente, que se manteve na titularidade da propriedade em garantia, os seguintes caminhos: entregar ao cessionário o montante do crédito, mantendo a propriedade da coisa; vender a coisa e entregar ao cessionário o montante do seu crédito, até ao limite do valor obtido, com base num acordo com o cessionário pelo qual este lhe retransmitirá o crédito mediante a obrigação do cedente de lhe entregar o montante obtido com a alienação do bem e ceder-lhe o crédito perante a outra parte no contrato-base (o devedor cedido)[79].

69. Locação financeira

Há certas situações – caracterizadamente na locação financeira[80] – em que o cedente é proprietário do bem que constitui a "garantia" – sendo, noutra óptica, a "garantia" constituída pela propriedade do bem. Será que a propriedade do bem se transfere do cedente para o cessionário?
Parece-me que não.
Comecemos pela locação financeira restitutiva.
Na locação financeira restitutiva, um sujeito, o locatário, vende a um locador financeiro um bem que este lhe dá imediatamente em locação financeira. Tratando-se de uma modalidade de locação financeira, apresenta, contudo, algumas especialidades que é preciso fazer notar nesta sede.
Estamos perante dois contratos interiormente ligados e dirigidos à obtenção do mesmo resultado: pretende-se financiar o vendedor, financiamento que se consubstancia no preço acordado para a compra do bem, que este último continuará a usar, mas agora como locatário, indo pagando o montante do empréstimo e dos respectivos juros com as rendas. Tratar-se-á de uma coligação funcional[81].
O locatário adquire a propriedade do bem como garantia do seu crédito, ao montante "mutuado" e aos juros através dos créditos sobre as

---

[79] Vd. Pestana de Vasconcelos, ob. cit., n.º 54 e pág. 368, nota 940
[80] Vd. Em geral sobre a locação financeira Diogo Leite de Campos, A locação financeira (estudo preparatório de uma reforma legislativa), Lisboa, Lex, 1994.
[81] Diogo Leite de Campos, Nota sobre a admissibilidade da locação financeira restitutiva ("lease-back") no Direito português, Rev. Ordem dos Advogados, 1982, pág. 793

rendas. Trata-se de uma prestação do cumprimento fraccionado quanto ao valor do financiamento e retribuição do diferimento no tempo da soma concedida, quanto aos juros[82].

Decorrido o prazo fixado no contrato, como em qualquer locação financeira, o locatário adquire o direito de readquirir a coisa vendida ao locador por um valor prefixado. Podendo não o fazer, se assim o entender.

Desde logo, e será a razão decisiva, por a propriedade do bem servir de garantia do credor, mas não ser a garantia. O locador é proprietário do bem cujo uso cede em locação. É certo que adquiriu o bem por indicação do locatário; que o bem, em si mesmo, "não lhe interessa" a não ser como garantia do cumprimento do locatário; e que este último tem a faculdade de vir a adquirir o bem. Mas o contrato de compra do bem (ou o fabrico deste), embora coligado com o contrato de locação financeira[83], é autónomo deste e se o locatário não cumprir (ou não quiser adquirir o bem no fim do contrato) o bem locado é, e continua a ser, do locador que não é obrigado a vendê-lo para se pagar do seu crédito. Sendo assim, no caso de cessão de crédito, a propriedade não se transfere.

A real função garantística da propriedade deverá assumir aqui outro relevo.

O cedente garantirá ao cessionário a cobrança dos créditos cedidos, sem limite, já que o valor do bem que continua na sua propriedade deverá ser superior ao valor das vendas do bem; ou limitar-se-á a acordar que, no caso de incumprimento, venderá o bem e indemnizará o cessionário até ao limite do preço de venda.

Por sua vez, o locatário poderá exercer contra o cedente do crédito o direito de adquirir o bem no fim do contrato, já que o cedente vendeu os créditos mas não transmitiu a sua posição contratual; continuando a ser contraparte/locador perante o locatário.

70. Notificação dos devedores

Passamos à notificação dos devedores. Referimos que a eficiência da cessão em relação a estes fica dependente de notificação, a não ser

---

[82] Diogo Leite de Campos, ob. cit., pág. 783.
[83] Aut. ob. ult. cit. págs. 139 e segs.

que a entidade cedente seja instituição de crédito, sociedade financeira, empresa de seguros, fundo de pensões ou sociedades gestoras de fundo de pensões, caso em que a cessão produz efeitos em relação aos devedores no momento em que se torna eficaz entre o cedente e o cessionário (artigo 6.º, 4).

Note-se que se trata de um problema de eficácia perante os devedores, e não de validade, ou eficácia entre cedente e cessionário. Assim, os créditos futuros podem nascer no património do concessionário, adquirindo eficácia perante o devedor logo que lhe forem notificados.

71. Meios de defesa

O n.º 6 do artigo 6.º dispõe (como referi), que dos meios de defesa que o devedor poderia invocar perante o cedente, só poderá opor ao cessionário aqueles que provenham de facto anterior ao momento em que a cessão se torne eficaz entre o cedente e o cessionário.

No artigo 585.º do Código Civil prevê-se a faculdade de o devedor opor ao cessionário todos os meios de defesa que lhe seria lícito invocar contra o cedente, proveniente de facto anterior ao conhecimento da cessão. São assim, segundo o regime especial de titularização de créditos, inoponíveis os meios de defesa que o devedor poderia invocar contra o cedente, se derivados de facto posterior à eficácia da cessão. Visa-se garantir elevado grau de certeza e segurança da titularização, para prestação dos investidores nos títulos emitidos[84].

Esta especial precaução de garantir a certeza e segurança dos créditos cedidos, isolando-os da esfera jurídica do cedente (criando um "fire-wall" entre o cedente e o cessionário[85]), contribui para justificar a teoria da imediação.

72. Impugnação pauliana

A cessão de créditos para titularização pode ser objecto de impugnação pauliana por um credor do cedente (artigos 610.º a 618.º do Código

---

[84] Vd. Calvão da Silva, ob. cit., pág. 108.
[85] Diogo Leite de Campos e Manuel Monteiro, ob. cit., págs. 29 e segs.

Civil). Mas o interessado em atacar a cessão, no caso de titularização, tem o ónus de alegar e provar pressupostos mais severos do que o regime geral: o crédito tem de ser anterior à cessão e, se for posterior, a cessão ter sido realizada dolosamente com o fim de impedir a satisfação do direito do futuro credor; resultar do acto a impossibilidade, para o interessado, de obter satisfação integral do seu crédito, ou agravar essa impossibilidade; a má fé do cedente e do cessionário, actuando com a consciência do prejuízo que causa a cessão a esse interessado, incluindo-se aqui a cognoscibilidade elevada desse prejuízo mas ignorado em virtude de culpa grave do cedente e do cessionário. Tais requisitos, sublinhe-se, são de verificação cumulativa.

Estas exigências assentam em interesses do género dos que apontam para a teoria de imediação quanto ao nascimento dos créditos futuros.

73. Créditos e massa falida

O n.º 2 do artigo 8.º dispõe que "não fazem parte da massa falida do cedente os montantes pagos no âmbito de créditos cedidos para titularização anteriormente à falência e que se vençam depois dela".

Assim, as quantias pagas pelo cessionário, antes da insolvência do cedente, como o preço da cessão, não integram a massa insolvente, quer os créditos pagos sejam existentes no momento da cessão, mas cuja data de vencimento seja posterior à data da falência; quer se trate de créditos futuros. Tais quantias são entregues ao cessionário para afastar a concorrência dos credores do insolvente e permitir a satisfação do cessionário com preferência sobre aqueles.

Esta solução parece-me que sustenta a teoria da imediação. Os créditos futuros surgem imediatamente no património do cessionário.

A cessão de créditos para titularização não pode ser resolvida em benefício da massa falida, excepto se os interessados provarem que as partes agiram de má fé (artigo 8.º, 1, b)).

Mais uma vez encontramos aqui interesses de segurança do comércio jurídico, de especial peso na cessão de créditos para titularização, que ajudam a conceber o nascimento imediato, no património do cessionário, dos créditos futuros.

Nesta matéria terá interesse o artigo 121.º, n.º 1, h) do CIRE: a cessão é resolúvel, provada a má fé do cedente e do cessionário, quando realizada dentro do ano anterior à data do início do processo de insolvência e as obrigações do insolvente excedessem manifestamente as da outra parte[86].

74. Património autónomo

O património autónomo constituído pelos créditos titularizados não responde por quaisquer dívidas da sociedade de titularização de créditos até ao pagamento integral dos montantes devidos aos titulares das obrigações titularizadas e das despesas e encargos com a emissão (artigo 62.º, 1 e 3); não respondendo o património autónomo pelas dívidas da sociedade gestora do fundo de titularização de créditos nem do seu depositário (artigo 9.º, 1).

Trata-se de normas destinadas a proteger os investidores que não relevam directamente para efeitos de determinação do património, do cedente ou do cessionário, em que nascem os créditos futuros.

---

[86] Vd. Luís Carvalho Fernandes e João Labareda, Código dos Processos Especiais de Recuperação de Empresas e Falência – Anotado, 3ª Ed., Lisboa, 1999, anot. Ao artigo 136.º.

CAPÍTULO III
REGIME FISCAL DA TITULARIZAÇÃO DE CRÉDITOS FUTUROS

75. Regime fiscal da titularização de créditos futuros. Ponto de partida

Passamos a analisar o regime fiscal de titularização de créditos futuros. Vamos centrar-nos no regime geral, deixando de lado as normas especiais estatuídas no decreto-lei n.º 240/2004.

Sem esquecer, antes tendo bem presente, que o sentido da norma só se descobre perante o caso a regular.

Em termos de o regime fiscal que vamos precisar e que é adequado a uma certa estrutura jurídica de créditos futuros, poder e dever ser alterada perante casos em que a vontade das partes ou a lei tenham determinado um regime jurídico diverso do pressuposto para esses casos.

Antes de mais queremos salientar que a lei (decreto-lei n.º 219/2001 de 6 de Agosto) não criou um regime fiscal específico da titularização de créditos futuros, no sentido de que não criou para ele um regime especial, particularmente adequado, a exemplo do que terá feito quanto aos créditos vencidos.

Determina-se no artigo 2.º que a diferença entre o valor da cessão e o valor contabilístico dos débitos recebidos deverá ser considerada como proveito no exercício da cessão, se for positiva; sendo negativa, é considerada como custo no exercício da cessão. Salvo as situações em que a entidade cedente adquira qualquer interesse nos proveitos da entidade cessionária, caso em que o custo será diferido, em fracções iguais, nos exercícios compreendidos entre a data da cessão do crédito e a data do seu vencimento.

Dado que os créditos futuros, embora assentando numa relação jurídica já constituída, ainda não nasceram, sendo o seu conteúdo não determinado mas meramente determinável, eles não apresentam qualquer valor contabilístico no exercício em que ocorrerá a respectiva cessão.

Portanto, falta um dos pressupostos do regime jurídico previsto no decreto-lei n.º 219/2001 que é a precisão do seu valor contabilístico.

Como fazer?

76. Compra e venda actual de expectativa jurídica actual

O ponto de partida terá de ser sempre a estrutura jurídica da cessão de créditos para titularização. Vimos, oportunamente, e aqui cumpre só sublinhá-lo, que se trata da compra e venda de uma expectativa jurídica presente, à aquisição de receitas futuras cujo conteúdo é determinável. Receitas futuras que nascerão imediatamente na esfera jurídica do cessionário.

O montante por que se vende essa expectativa jurídica dependerá de um conjunto de factores de natureza jurídica mas também económica e financeira, como sejam a maior ou menor segurança do nascimento desses créditos; a sua consistência em termos económico-financeiros e a capacidade de determinar, desde já, o seu montante.

Trata-se, agora, não de um problema de contabilização desses valores, mas de um simples problema de avaliação de um bem, de uma expectativa jurídica, em termos de valor de mercado. Podendo surgir aqui, nomeadamente, problemas de preços de transferência de que não vamos cuidar.

Repito que há que partir da estrutura jurídica de cessão de créditos futuros, tal como a justificámos nas páginas anteriores e a acabámos de sintetizar e acentuar o seguinte aspecto da titularização: esta é sempre, de algum modo, uma "actualização" de um valor assente em receitas futuras. O cedente quer obter, "hic et nunc" uma receita, um ganho, e não no futuro. Caso contrário, não cederia créditos.

Ou seja: neste enquadramento, há a recepção de uma receita hoje pela alienação de um bem também actual; não podendo fazer-se de conta que nada se passou, transferindo a receita, seja de que maneira for, para o futuro.

Portanto, temos de assentar em que a receita da cedência de créditos (futuros) é sempre proveito (também para efeitos fiscais) no exercício da cessão. O cedente está a vender um bem presente, através de um preço actual, por muito que essa expectativa tenha como objecto créditos futuros. O cedente e o cessionário, porém, podem ter celebrado um contrato de configuração, em termos de contrato quadro, nos termos do qual os créditos futuros nascerão primeiro na esfera jurídica do cedente, só depois se transmitindo para o cessionário. Ou este regime decorre das próprias características dos créditos cedidos ou do seu enquadramento jurídico-

-econonómico, em situações que não vamos concretizar e, muito menos, regular. A solução do problema do regime fiscal não termina pois aqui, mas deve começar aqui.

77. Solução fiscal – Não assunção de qualquer interesse nos proveitos do cessionário

Temos de desenvolver, com base nessa estrutura, qual é a solução mais adequada. Em termos da solução mais justa para os interesses em causa e para o sentido dos impostos aplicáveis, nomeadamente do IRC.

O primeiro enquadramento, seria o de que o valor cedido é sempre um resultado positivo, para efeitos fiscais, como proveito no exercício da cessão. Parece-me correcto, mas a verdade é que a solução do problema não termina aqui. Com efeito, o valor da cessão, se é um proveito actual, tem como objecto a cessão de créditos futuros. E, por outro lado, o cedente suportará custos com o nascimento desses créditos mais tarde, quando suportar esses custos para que nasçam os créditos cedidos.

Que relevo jurídico-fiscal têm estes dois factos: o vir-se a determinar, só mais tarde, o montante recebido pelo cessionário correspondente aos créditos cedidos; o incorrer em custos (nomeadamente com a prestação de serviços) que são a contrapartida das receitas (actuais)?

Vamos analisar a situação nas duas perspectivas, mas sempre na posição do cedente.

Primeira perspectiva: a do proveito.
Segunda perspectiva: a dos custos.

Queremos sublinhar, antes de mais, que os créditos cedidos são "concepturos": vão ser gerados e nascer na esfera jurídica do cessionário, pelo que o montante efectivamente recebido pelo cessionário não releva para o cedente (estamos a pressupor que este não adquiriu interesse nas receitas do cessionário).

O que está em causa é a alienação de um bem presente, de uma expectativa jurídica por um certo preço; que é proveito no exercício em causa, portanto, o valor a que se vende as expectativas, é o proveito que serve de base ao imposto. Proveito que pode ser superior ou inferior ao valor contabilístico dos créditos. Daqui uma mais-valia ou uma menos valia tributável.

Mas ao proveito corresponde um custo, o custo dos serviços que se vão prestar eventualmente, nos anos subsequentes para que os créditos surjam, podendo haver, vista a operação na sua globalidade, um resultado positivo ou um resultado negativo. Os custos da prestação dos serviços podem ser superiores ou inferiores ao valor recebido pela cessão dos créditos.

Voltando a acentuar aqui a figura do cedente, ele tem um proveito no ano da cessão, este proveito pode ser tributado em termos de mais ou menos valia, se os créditos futuros tiverem um valor contabilístico (o que parece difícil). Em regra é tributado como proveito, mas no período subsequente, mais ou menos prolongado, virá a ter custos, para que os créditos nasçam (fabrico da coisa, interpelação do devedor, etc). Assim, haverá um custo também para efeitos fiscais. Acabando, vista a operação na sua complexidade, por o cedente eventualmente suportar um custo financeiro: pagará o imposto antecipadamente, tendo depois, nos anos subsequentes, um custo com a produção da coisa ou prestação do serviço para efeitos fiscais, com incidência no imposto que irá pagar. Ou seja: trata-se da obtenção de receitas, num ano, tributada nesse ano; e do suportar de custos mais tarde, estes constituindo custos dedutíveis fiscalmente no ano em que forem suportados.

Parece-nos que a solução, na perspectiva da estrutura da operação e dos interesses em causa, só pode ser a que se trata efectivamente de um preço que é tributado no momento em que é recebido. Enquanto os custos, necessários mais tarde para obter esse preço, são deduzidos à matéria colectável nos anos subsequentes. Havendo aqui, no fim desta operação complexa, um resultado positivo ou negativo sob o ponto de vista financeiro.

Nesta ordem de ideias, haverá um proveito imputável ao exercício a que diga respeito (art.º 18.º, 1 do CIRC). E um custo também imputável ao exercício (diferente do exercício do proveito) a que se refira (art.º 18.º, 1).

A componente negativa – custo – é imprevisível, pelo menos quanto ao seu montante, no exercício do ganho (art. 18.º, 2).

Por outro lado, tratando-se da venda de um bem (expectativa jurídica) o proveito considera-se realizado na data em que se opera a transferência do direito (expectativa jurídica) (art.º 18, 2).

Há um desfasamento entre proveito relativo à prestação do serviço e os respectivos custos. Mas este desfasamento resulta do desfasamento entre a recepção do proveito e o suporte do custo. Sublinhando, mais uma vez, que o direito de crédito (cedido) não nasce no ano em que é suportado o custo, na esfera jurídica do cedente, mas na esfera jurídica do cessionário. Pelo que o direito de crédito do cedente já não existe. Extingue-se, e já se esgotou, através da venda de uma expectativa jurídica do cedente num certo ano por um certo preço.

O preço é devido por uma venda de um bem presente. Também não é um financiamento: é uma compra e venda a contado.

A solução poderia ser diferente se entendêssemos que o crédito (cedido) nasceria, embora por um momento, na esfera jurídica do cedente. Mas não é o que sucede, já o vimos.

O outro termo da relação não é o montante do crédito efectivamente recebido pelo cessionário; mas os custos que o cedente vem a suportar mais tarde.

Se o valor da cessão – proveito fiscal no ano respectivo, por mera hipótese – for reconhecido como proveito, sob o ponto de vista contabilístico, em anos subsequentes não deverá integrar o lucro tributável sendo, antes, deduzido deste.

Também me parece ser esta a melhor solução, não havendo qualquer interesse em contrário, digno de atenção, tanto do Estado como dos particulares, e correspondendo melhor à natureza da operação.

78. Excepções

As normas que enunciámos devem considerar-se o regime-regra, assente na alienação de expectativa e no nascimento do crédito (futuro) na esfera jurídica do cessionário, mas não tem de ser necessariamente esse o regime, se falharem os seus pressupostos (vd. nota anterior).

Assim, o próprio legislador criou (bem ou mal, não interessa aqui) um regime específico através do decreto-lei n.º 240/2004.

Por outro lado, poderá suceder que as partes, na cessão de créditos futuros, nada mais tenham querido do que estabelecer um quadro da cessão (futura) dos créditos futuros. Créditos que nascerão na esfera jurídica do cedente para se transmitirem para a do cessionário. Situação em que o regime fiscal poderá ser diferente, em termos de se deferir o proveito do cedente para o exercício em que este ceda os créditos por um certo valor.

79. Assunção de qualquer interesse nos proveitos do cessionário

Suponha-se agora que o cedente assumiu qualquer interesse nos proveitos do cessionário.

Sob o ponto de vista do regime da cedência de créditos futuros, a resposta em princípio é a mesma: os créditos surgem na esfera jurídica do cessionário.

Mas, no plano fiscal a resposta do legislador poderá ser diferente.

O artigo 2.º, 1, b), *in fine*, determina que, se a diferença entre o valor da cessão e o valor contabilístico dos créditos cedidos for negativo, nas situações em que a entidade cedente adquira qualquer interesse nos proveitos da entidade cessionária, o custo deve ser diferido, em fracções iguais, nos exercícios compreendidos entre a data da cessão do crédito e a data do seu vencimento.

Será que no caso de o cedente assumir interesse nos proveitos do cessionário, quanto a créditos futuros, se vai aplicar esta disposição?

Parece-me que não.

Desde logo, só se aplicaria se a diferença fosse negativa.

Mas nem aqui.

Com efeito, a lei pressupõe que haja um valor contabilístico dos créditos cedidos – que não há no caso de créditos futuros, pelo que falta um elemento do tipo legal – não sendo este, sequer, aplicável por analogia – dada a proibição de aplicação analógica das leis fiscais quanto aos elementos essenciais dos impostos.

Assim, o proveito obtido com a alienação da expectativa jurídica a créditos futuros, será tributada no respectivo exercício. Os proveitos que se venham a retirar mais tarde, serão tributados nos respectivos exercícios.

ÍNDICE

Introdução 5

I PARTE
A TITULARIZAÇÃO DE CRÉDITOS

1. Introdução 9
2. Noção de titularização 10
3. A titularização e o financiamento estruturado 12
4. Sentido básico de titularização 13
5. Cont. – Segregação da carteira de títulos 16
6. Titularização de créditos 17
7. Traços distintivos da titularização 18
8. Derivados 22
9. Impacto económico da titularização 23
10. Riscos da titularização 24
11. "Modus operandi" da titularização 27
12. Activos – Características 28
13. Cedente – Características 30
14. Entidade Cessionária – Veículos intermediários – (SPV) – Características 31
15. Investidores – Características 31
16. Diferentes estruturas de titularização 32
17. Vantagens de titularização 34
18. Cont. – Para os cedentes 34
19. Cont. – Para os investidores 35
20. Limites de titularização 37
21. Titularização e cessão financeira ("factoring") 38

II PARTE
A VENDA DE CRÉDITOS FUTUROS PARA TITULARIZAÇÃO

I SECÇÃO
Traços jurídicos essenciais da titularização de créditos

22. Introdução 41
23. Cessão de créditos – Entidades cedentes de créditos 42
24. Entidades cessionárias de créditos 42
25. Créditos titularizáveis 43
26. Créditos do Estado e da Segurança Social 43
27. Créditos futuros 44
28. Cont. – Notação ("rating") 46
29. Gestão dos créditos 46
30. Efeitos da cessão 48
31. "Limited recourse" 49
32. Cessão e garantias do devedor cedido 49
33. Forma da cessão de créditos 49
34. "Veículos" da titularização. A) Fundos de titularização 50
35. Cont. – Unidades de titularização 50
36. B) Sociedades de titularização 51
37. "Irrelevância" do capital da entidade de titularização 51
38. Regime fiscal 52
39. Regime fiscal no caso de cessação antecipada dos contractos de aquisição de energia eléctrica (CAE) – Lei n.º 52/2004 e Decreto-lei n.º 240/2004 de 27 de Dezembro 53

II SECÇÃO
Venda de créditos futuros

40. Cessão de créditos futuros e figuras próximas 57
41. Venda de créditos futuros – Noções gerais 58
42. Venda da expectativa, procedimento e crédito 59
43. Venda de expectativas 61
44. Noção de expectativa 61
45. Quadro típico de formação sucessiva 64
46. Cont. – Negócio de configuração 66
47. Venda de expectativa e venda de direito futuro. Venda de coisa futura 66
48. Situação preliminar já formada 72

49. Transmissão dos efeitos jurídicos	72
50. Segurança	73
51. Prolegómenos ao momento da aquisição do direito futuro	73
52. Cont. – Momento do nascimento do crédito futuro	74
53. Posição do cedente	78
54. Posição do cessionário	79
55. Posição do devedor	81
56. Insolvência do cedente	83
57. Negócio, procedimento e conclusão	87

III SECÇÃO
Venda de créditos para titularização

58. Cessão (venda) de créditos para titularização – Protecção dos cessionários	89
59. Resolução e benefício da massa	90
60. Separação patrimonial na esfera do cessionário	91
61. Estrutura do negócio de venda de créditos para titularização	91

IV SECÇÃO
Cessão de créditos futuros para titularização

62. Introdução	93
63. Distinções	93
64. A) Relação já constituída	93
65. B) Créditos "totalmente" futuros – provenientes de relação jurídica ainda não constituída	95
66. O nascimento do crédito futuro. Cessão plena	95
67. Referência às garantias e à propriedade "em garantia"	96
68. Venda a prestações com reserva da propriedade	97
69. Locação financeira	98
70. Notificação dos devedores	99
71. Meios de defesa	100
72. Impugnação pauliana	100
73. Créditos e massa falida	101
74. Património autónomo	102

CAPÍTULO III
Regime fiscal da titularização de créditos futuros

75. Regime fiscal da titularização de créditos futuros. Ponto de partida ... 105
76. Compra e venda actual de expectativa jurídica actual 106
77. Solução fiscal – Não assunção de qualquer interesse nos proveitos do cessionário 107
78. Excepções 109
79. Assunção de qualquer interesse nos proveitos do cessionário 110